LA MORALE

A. DE LA BARRE

PROFESSEUR A L'INSTITUT CATHOLIQUE DE PARIS

LA MORALE

D'APRÈS SAINT THOMAS

ET LES THÉOLOGIENS SCOLASTIQUES

Memento théorique et Guide bibliographique

*Ordo est, quem si tenuerimus
in vita, perducet ad Deum.*
SAINT AUGUSTIN, *De Ordine*, l. I.

PARIS
Gabriel BEAUCHESNE & Cⁱᵉ, Éditeurs
ANCIENNE LIBRAIRIE DELHOMME & BRIGUET
Rue de Rennes, 117

1911

· *Nihil Obstat* :

Parisiis, die 10ª Februarii 1911.

L. ROURE.

IMPRIMATUR :

Parisiis, die 10ª Februarii 1911.

P. FAGES, V. G

AVANT-PROPOS

Une sérieuse étude de la philosophie morale semble plus que jamais nécessaire pour aborder utilement l'étude des principales questions de théologie morale fondamentale : non seulement celles-là, plus immédiatement pratiques, qui intéressent particulièrement le moraliste *professionnel*, je veux dire le casuiste, le confesseur préoccupé d'une solide préparation scientifique, — mais encore l'étude des nombreuses et complexes questions, psychologiques ou morales, que supposent certains traités : traité des Actes humains, — des Lois divines et humaines, — de la Foi et des autres vertus, — traités en général situés aux confins de la Dogmatique et de la Morale proprement dite.

Néanmoins trop souvent la philosophie morale ne fait l'objet d'aucun enseignement spécial, antérieur à la théologie. Trop souvent elle reste à la charge de ce dernier cours, que beaucoup d'étudiants abordent sans cette préparation nécessaire.

Délai volontaire, pour éviter les redites, le double emploi? — nécessité des temps, et inconvénients d'études trop condensées, où l'on se croit obligé à des sacrifices, à de larges coupures dans les programmes anciens?

Quoi qu'il en soit, le fait est certain. Il me sera permis d'invoquer quelque quinze ans d'expérience.

* *

J'espère que le présent travail, commencé pour mes élèves de l'Institut catholique de Paris, pourra être utile à divers étudiants, jeunes ou vieux. Aux jeunes, qui, au seuil du cours de théologie, désirent soit un memento, soit un complément de leurs études antérieures ; — aux travailleurs plus âgés, à tous ceux que le souci des problèmes actuels ramène après dix, quinze ans, ou plus, à compulser leurs manuels classiques, — complétés si possible par la lecture plus réfléchie des anciens Docteurs, des vieux maîtres de la scolastique.

Depuis une soixantaine d'années, depuis San Severino, Liberatore et Zigliara, — jusqu'à Meyer, Cathrein et Schiffini, — ces manuels n'ont pas manqué. Tous assurément ne sont pas d'égale valeur; ils partent de définitions souvent discordantes ; on peut se sentir désorienté par la diversité de leurs procédés, trop éloignés parfois du procédé traditionnel et classique. Je pense néanmoins que dans l'ensemble ils méritaient d'être plus attentivement étudiés, plus docilement suivis[1].

---

1. Au cours de ces quinze dernières années, on a jeté sur nos pauvres manuels classiques beaucoup de discrédit. C'était devenu comme une des formes de « l'esprit critique », un des divertissements familiers dans certains milieux réformistes, modernistes. Mais « l'esprit critique » n'est pas toujours le réel esprit scientifique; et l'expérience montre que certaine ignorance est souvent bien aise de s'abriter sous ce facile travestissement. Bucceroni fait aux manuels de théologie morale cette trop juste réparation d'honneur : Quamplura nostra ætate edita sunt Theologiæ moralis *Compendia*. Nomen quidem modestum, sed opera sunt profecto insignis meriti.... Institutiones Theologiæ moralis, p. 4.

Il m'a semblé que l'on consulterait volontiers quelque memento, quelque *guide*, offrant un double secours : récapitulation des idées maîtresses — information bibliographique abondante.

Tel est le but de ce travail : essai de sommaire synthétique, — non point sous la forme d'un *cours* complet, contenant tous les détails de l'enseignement classique, — mais sous la forme d'*études*, consacrées aux principales perspectives de la Morale et du Droit, aux théories philosophiques centrales : notion de la moralité, — nature des lois divines, — rapport des lois humaines et du Droit.[1]

* * *

C'est surtout un *guide bibliographique*.

Il facilitera, abrégera les recherches, et permettra de consulter avec fruit les auteurs scolastiques : théologiens de la vieille école, — métaphysiciens et moralistes du XIXᵉ siècle.

Saint Thomas en première ligne : j'ai surtout mis à contribution la *Somme théologique*, plus spécialement dans la 1ᵃ 2ᵉ, les questions 18-20, relatives à la moralité, et les questions 90 et suivantes, relatives aux lois. J'ai aussi largement consulté les *Commentaires sur Pierre Lombard*, les *Questions disputées*, le *Contra Gentes*, le *Commentaire de la Morale d'Aristote*.

Le traité *des Lois* est généralement tenu pour une des parties les plus solides, les plus achevées, les

---

1. Et je suis loin de prétendre épuiser la matière, ayant réservé pour une ou plusieurs séries à venir, des théories aussi importantes que l'analyse de l'obligation morale, — la formation de la conscience, etc...

moins discutables de la grande œuvre Suarézienne :
j'ai eu à cœur de le faire connaître. Je renvoie aussi
au traité des *Actes humains* du même auteur.

J'ai osé ne pas m'en tenir à ces deux maîtres
illustres, supposant volontiers qu'il existe encore par
le monde, — du moins dans les grands centres de
vie théologique, — des curiosités assez éveillées, assez
intrépides, pour affronter les poudreux in-folios des
Scot, des Gilles de Rome, des Medina et des Capreolus,
— des Cajetan, des Grégoire de Valence et des Vasquez, — des théologiens de Salamanque, des Gonet,
des Sylvius et des Jean de Saint-Thomas[1].

* *
*

Chez ces anciens théologiens, il y a compénétration
absolue, totale fusion du droit naturel et de la théologie.

L'œuvre séparatiste, la tentative de sécularisation du
Droit a commencé son grand effort plus tard, au
xviie siècle, surtout dans les milieux protestants, à
la faveur des idées Wolfiennes, parmi les disciples de
Grotius et de Puffendorf.

Quelques théologiens de cette époque sont intéressants par la façon dont ils envisagent la morale philosophique, à cause surtout de la façon dont ils résol-
vent la fameuse question : Y a-t-il une honnêteté
rationnelle, ayant un caractère nécessaire, antérieure
à la loi de Dieu et s'imposant à sa volonté ?

1. Le *Nomenclator litterarius* d'HURTER rendra grand service pour les ren-
seignements bio-bibliographiques, relatifs aux Docteurs scolastiques.

En vue de cette question, on trouvera, dans la troisième étude, un aperçu des principes, et un ensemble d'informations bibliographiques que j'ai tâché de rendre suffisamment abondant. On y remarquera surtout la fameuse théorie de Vasquez et les controverses qu'elle souleva.

En cette période — xvii° et xviii° siècles — où furent si vivement, si passionnément discutés les points les plus importants de la Théologie morale, — où particulièrement les querelles probabilistes firent tant de bruit, — les matières relatives aux fondements philosophiques de la Morale eurent une grande part dans les ardentes et inquiètes préoccupations des controversistes. C'est d'ailleurs au cours du xviii° siècle que parurent le traité de J.-B. Guarini : *Juris naturæ et gentium principia et officia*, Palerme, 1758; puis divers traités classiques insérés dans la Theologia Wirceburgensis, 1766-71 : *De legibus, de actibus humanis* par Neubauer; *De jure et justitia* par Holtzclau; puis le remarquable ouvrage de Zallinger : *Institutiones juris naturalis et ecclesiastici publici*, 1784, longtemps estimé et employé comme manuel classique.

⁎
⁎ ⁎

Nous arrivons ainsi au seuil du xix° siècle.

C'est au milieu de ce xix° siècle qu'un livre célèbre vint rajeunir l'enseignement, et raviver parmi les catholiques l'étude de la Morale et du Droit. Je veux parler du *Saggio teoretico di diritto naturale*, publié à Palerme, 1840-43, par le P. Taparelli d'Azeglio, un des fondateurs et directeurs de la célèbre revue, *la Civillà cattolica*, et suivi de diverses autres publications relatives au Droit naturel. — Traduit en français et en allemand, non seulement il réveilla dans les centres théologiques l'étude du droit d'après les principes traditionnels de la philosophie catholique ; il fut encore pour les laïques, pour les juristes catholiques, une révélation de trésors insoupçonnés. Ainsi ce beau livre fut vraiment une des meilleures contributions à l'œuvre collective de la scolastique renaissante.

Aussi bien, il ne tarda pas à être complété et dépassé. Dès lors se multiplièrent et les manuels latins, d'allure strictement technique, — et les œuvres de vulgarisation, en langues diverses, plus accessibles au public lettré.

Qu'il me suffise de citer quelques noms, remarqués au cours des vingt dernières années : en Italie, Schiffini et Ferretti ; en Espagne, Mendive et Cepeda; en Allemagne, Meyer et Cathrein.

Il semble que cette résurrection de la philosophie morale et du droit naturel ait trouvé en France un accueil moins sympathique, qu'elle y ait suscité des coopérations moins sérieuses et moins actives. — Toutefois, si les ouvrages d'allure technique, — strictement scientifique, — y furent plus rares, moins marquants, — en revanche les vulgarisations savantes n'ont point manqué. Tel l'excellent traité du P. de Lehen : *Les Instilules de droit naturel privé et public et de droit des gens,* paru à Paris, 1866, sous les simples initiales M.B., qui eut son heure de vogue et de diffusion relativement considérable, dans le public studieux ;

tels, plus récemment : *Les principes fondamentaux du droit*, œuvre du regretté doyen de la Faculté catholique de droit à Lille, le comte de Vareilles-Sommière, et les deux volumes, si pleins, si condensés, du P. de Pascal : *Philosophie morale et sociale*.

La chaire de Notre-Dame elle-même a fourni son appoint de belles et solides vulgarisations : en 1891 et les années suivantes, les conférences de Mgr d'Hulst sur *les Fondements de la moralité*, et sur l'ensemble de la morale chrétienne; — à partir de 1903, *l'Exposition de la morale catholique*, par le P. Janvier, surtout le Carême de 1901 relatif à *La Loi*.

**

Et vraiment, il n'a pas été stérile ce vaste effort intellectuel, cette coopération internationale de théologiens, de philosophes, et de juristes, cette œuvre de raison éclairée par la Foi. — Je voudrais, sur quelques points principaux, indiquer les résultats obtenus, faire voir un encourageant progrès de la science catholique.

Qu'il y ait dans la morale catholique un élément rationnel, qu'elle soit vraiment une « morale de l'ordre » — nombre d'écrivains semblent l'ignorer, — beaucoup de laïques intelligents, habituellement très avertis paraissent n'en avoir aucun soupçon. Tel ouvrage apologétique estimé, complet en matière d'exposition dogmatique, n'en donne à ses lecteurs aucune indication suffisante.

Et pourtant, — qu'il y ait pour nous une *règle indi-*

catrice de la moralité, *norma discriminans*, disent les
manuels scolastiques, — qu'il y ait un *discernement*,
fourni par la conformité à la raison, la conformité
à l'ordre rationnel, la conformité aux fins providentielles, — saint Thomas l'avait dit sans doute avec
une clarté suffisante, 1ª- 2ᵃᵉ, q. 19, a. 2. Mais le
xviiᵉ siècle était venu; son rationalisme philosophique
avait perverti cette saine conception, mettant dans cet
élément de connaissance rationnelle une nécessité
philosophique pleinement concevable, adéquatement
intelligible à la raison humaine, — et surtout,
une règle absolue, antérieure et supérieure à Dieu,
une nécessité qui du dehors s'impose à la volonté
divine.

Comment la morale chrétienne de l'ordre a pu
dévier jusqu'à se rapprocher d'une morale rationaliste, on peut le voir dans Malebranche, qui pourtant
reconnaît en Dieu l'origine de l'ordre et de ses lois[1],
— comme plus tard dans les *Discours philosophiques*
du cardinal Gerdil[2].

De même que dans les sciences naturelles, la conception déterministe faisait de grands progrès, de
même une sorte de déterminisme envahissait aussi la
Morale : de toutes parts, on méconnaissait la contin-

1. Cf. OLLÉ-LAPRUNE, la Philosophie de MALEBRANCHE, 1870, t. I, c. 1, comment Dieu conforme éternellement et parfaitement sa pensée à la loi de vérité
et son amour à loi de l'ordre. — Voir aussi t. II, p. 474-475, comment, à ne
contempler que cet ordre éternel et immuable, MALEBRANCHE semble oublier
toute la réalité contingente, créée, à laquelle la loi doit s'appliquer.
2. Cf. Œuvres du card. GERDIL, éd. Migne, 1863, Discours philosophiques
sur l'homme, surtout disc. 6, la règle de la moralité peut-elle s'accorder avec
l'amour de soi-même?, col. 1366, et les discours suivants. — Cf. aussi
Cathrein, Philos. in usum scolarum, n. 159-162.

gence, les possibilités réservées à la volonté divine. On cherchait à ramener la Morale aux méthodes des sciences exactes.

A quelques auteurs du xixᵉ siècle revient l'honneur d'avoir repris cette question, et d'y avoir apporté de grandes clartés.

*
* *

Sur ce point capital, je pense ne pouvoir trop recommander au professeur de morale : le manuel de Schiffini, *Disputationes philosophiæ moralis*, — avec l'œuvre plus importante encore de Meyer, *Institutiones juris naturalis*, — et, pour l'usage des commençants, en vue d'un enseignement ultérieur très approfondi, un manuel plus didactique : Cathrein, *Philosophia moralis in usum scholarum*.

Schiffini, dans une dissertation pénétrante et très complète, a étudié la notion de moralité. La moralité est, pour lui, *la conformité à la nature raisonnable*, entendant la nature en son sens plénier, et l'envisageant comme un tout harmonieux. Pour Meyer, la moralité d'un acte est *sa conformité à l'ordre*. L'un envisage surtout le sujet, la nature ; l'autre surtout l'objet connu, l'ordre naturel, ordre divinement institué.

Question de formules, après tout.

Il ne semble point trop difficile de les concilier ; et j'ai tâché de le faire dans ma première étude. Pour nos deux philosophes, en fin de compte, la moralité est la conformité au plan divin, aux indications providentielles aisément reconnaissables dans les inclina-

tions naturelles subjectives [1] et dans l'ordre objectif,
— dans l'ordre actuel, historique, dans l'ordre de la
Providence présente, celui où la nature elle-même est
située, celui-là même où l'acte raisonnable reconnaît
aisément sa place et ses lois directrices.

Tel est le sens de cette belle parole de saint Augustin [2] : « Ordo est, quem si tenuerimus in vita, perducet
ad Deum, et quem nisi tenuerimus in vita, non perveniemus ad Deum. »

*
* *

Il est un autre mérite, un autre progrès de clarté,
qui me semble recommander le manuel de Schiffini.

Précisément parce qu'il envisage expressément la
nature totale, plénière, tenant compte de tous ses
instincts et tendances, il a vu, — il a, me semble-
t-il, mieux compris que la plupart des auteurs précédents, — mieux dégagé ceci : *la moralité relative des
biens inférieurs, la moralité du plaisir lui-même*, considéré
comme un moyen ordonné, providentiellement légitime ; et, — question de terminologie plus grave, plus
délicate encore, — il a, dans des formules hardies,
mais théologiquement sûres, exprimé la moralité du
plaisir considéré en un certain sens comme une fin, —
fin intermédiaire, assurément, mais fin providentielle,
— comme une satisfaction provisoire, à laquelle est
naturellement ordonné le composé humain, âme et

---

1. Cfl'important passage de saint THOMAS : 1-2, q. 94. a. 2, sur lequel nous nous
appuierons plus d'une fois ; avec l'interprétation qu'en donnent les théologiens de Salamanque, de Act. hum. in hunc l., et SUAREZ, de leg., l. 2, c. 8,
n. 4. Voir aussi BOUQUILLON, Theol. mor. fund., p. 236, n. 71.

2. De ordine, lib. I, c. 9, n. 27.

corps, — comme un terme assigné, une perfection
réservée au providentiel épanouissement de la nature
humaine totale, *naturæ humanæ adæquale speclatæ*.

Il a donc, à la suite de saint Thomas, repris au
compte de la philosophie chrétienne la vieille formule
aristotélicienne : que le plaisir survient à l'activité
vivante pour la perfectionner, pour lui donner sa
plénitude, — de la même façon « que la beauté
survient à la jeunesse », *quod delectatio perficit ope-*
tionem sicut decor juventutem.

J'ai tâché, dans la deuxième étude, d'éclaircir cette
importante matière, — du moins, suivant la méthode
habituelle de ces études, — j'ai tâché d'indiquer
sommairement les principes, de renvoyer aux auteurs
les plus importants, me contentant ainsi de jalonner
la route que doit suivre un philosophe catholique,
désireux d'éviter les fondrières jansénistes, aussi bien
que les âpres sentiers de la morale Kantienne.

* *

Ce doit être actuellement, pour les théologiens,
philosophes et juristes catholiques, un pressant devoir
d'étudier, et de mettre en lumière les liens qui
rattachent le Droit à la Morale. Cette étude s'impose,
en raison du funeste crédit accordé sur ce terrain,
comme sur tant d'autres, à la philosophie Kantienne.

Celle-ci a violemment séparé le Droit de la Morale.
Elle tient l'une pour chose intérieure, immanente, la
règle morale étant regardée comme immanente à la
nature de l'homme, qui est une nature raisonnable et

autonome. L'autre, le Droit, est chose extérieure, et s'impose uniquement du dehors.

Cet ensemble de vues erronées est pour beaucoup dans le désarroi des esprits, dans l'incertitude des principes sociologiques, à cette heure où grandit sans cesse la Sociologie, s'imposant de plus en plus à l'attention des penseurs, à la curiosité du grand public.

A l'obscurité de la notion « *social* » vient s'ajouter l'obscurité de la notion « *droit* » ; d'où des imprécisions, des malentendus, des sophismes désespérants. Au théologien d'y prendre garde, lorsqu'il étudie l'Eglise, l'Evangile, l'œuvre de Jésus.

Car il importe au théologien de savoir jusqu'à quel point, en quel sens nous devons reconnaître à ce grand fait divin une valeur proprement sociale, une influence féconde pour la vie morale — et même pour la vie économique de nos sociétés modernes. — En d'autres termes, il importe au théologien, il importe d'ailleurs à tout chrétien, — de savoir : si le royaume intérieur fondé par Jésus, si le royaume des âmes qu'est l'Eglise est une chose totalement séparée de la société humaine temporelle, — s'il se dresse vraiment une barrière, une séparation de fait et de droit entre la sphère d'activité morale et religieuse, d'une part, et — d'autre part, — la sphère d'activité sociale, la région des intérêts et des droits, et par conséquent des devoirs, — de l'homme vivant en société.

Récemment divers ouvrages ont plus ou moins discuté, même tenté de résoudre cette vaste question : Lugan, *L'enseignement social de Jésus* ; Fonsegrive, *Morale et Société* ; Garriguet, *La valeur sociale de l'Evangile*.

En les lisant attentivement, on comprendra mieux l'intérêt, la gravité du problème théologique et philosophique ainsi posé. On restera d'ailleurs convaincu que toute cette matière exige des définitions nettes, des conceptions aussi exactes que possible du *droit,* de la *société,* et des principales notions avoisinantes.

C'est l'objet de la cinquième étude.

Là encore, là surtout, je me suis appliqué à fréquemment alléguer, à faire connaître au sein du mouvement néo-scolastique, quelques excellents ouvrages : outre ceux déjà indiqués, Cathrein, Meyer etc..., j'insiste particulièrement, — pour les éléments du droit et de la sociologie, — sur les *Eléments de Droit naturel* de Don R. Rodriguez de Cepeda, l'éminent juriste Espagnol, et sur la *Philosophie morale et sociale* du P. de Pascal : l'un et l'autre d'ailleurs se sont largement inspirés du *Droit naturel* de Meyer.

Ces auteurs seront spécialement d'un grand secours, en ce qui concerne le *droit de propriété.*

On trouvera dans les deux ouvrages de Cathrein, dans son grand traité *Moralphilosophie,* et dans le compendium *Philosophia moralis,* ce que l'on chercherait vainement dans la plupart des auteurs contemperains : une étude sérieuse, une exposition claire de la triple notion de droit, — mais surtout de cette acception primitive, que présuppose la notion moderne du droit, — de ce fait simple et irréductible, antérieur à l'établissement historique du droit proprement dit : *la possession de fait,* avec tout ce que contient de réalité, avec tout ce que recèle de profonde philosophie ce petit pronom possessif : *suum, le sien*. Comment on doit y reconnaître l'élément premier de la formule juridique, *cuique suum*, — saint Thomas semble bien l'avoir conçu, Lugo parait l'avoir indiqué, suffisamment exprimé dans un passage remarquable : *De justitia et jure, disp.* i, *n. 1, n. 5*, allégué par Schiffini, et plus récemment encore par le chanoine Pottier, qui a largement utilisé ce point de vue, dans son remarquable traité *De justitia*.

***

Puisse ce travail contribuer d'une part à la restauration des études scolastiques, restauration si désirée à Rome, et dans tous les centres intellectuels vraiment fidèles à la direction romaine ; puisse-t-il, d'autre part, aider les jeunes travailleurs de la sociologie catholique, préparer parmi eux une élite doctrinale, largement intelligente, et scrupuleusement orthodoxe.

Aussi bien, on commence à s'apercevoir des lumières que pourraient apporter les anciens, *veteres*, pour la solution des problèmes modernes, surtout dans l'ordre spécialement moral, sociologique, économique. Dans les vénérables in-folios, il arrive de faire de merveilleuses découvertes. Il est loisible d'ailleurs de les faire avec un moindre effort, par l'intermédiaire de vaillants pionniers, modestes savants, dévoués et infatigables professeurs.

A ceux que j'ai déjà signalés, j'ajoute ici, comme particulièrement précieux pour l'intelligence de la morale sociale, des questions de justice : l'excellent traité *De justitia*, du R. P. Vermeersch, professeur au scolasticat de la Compagnie de Jésus à Louvain, le *De Jure et justitia*, du chan. Pottier ; et de M. Brandts, économiste Belge bien connu, professeur à l'Université catholique de Louvain : *l'Économie politique au Moyen Age. Esquisses des théories économiques professées par les écrivains des XIII⁰ et XIV⁰ siècles.*

Puisse donc la sociologie catholique retrouver chez nos vieux maîtres les vérités momentanément éclipsées, — vérités qui peuvent bien sembler nouvelles à un siècle trop prévenu ou trop oublieux : *nova et vetera.*

Puissent à cette lumière se résoudre les problèmes troublants, se concilier les apparentes antinomies de l'individu et de la société, les dualismes exagérés, — parfois les oppositions factices, — de la justice et de la charité. — Puissent les malentendus se dissiper, et par suite, renaître cette paix des esprits, cette concorde, qui, d'ailleurs, ne peut s'établir que sur les fermes assises de la vérité traditionnelle.

Puissent ainsi toutes choses, — toute pensée et toute action, — retrouver en Jésus-Christ leur ancienne harmonie, suivant le vœu du grand Pontife qui nous gouverne : *Instaurare omnia in Christo.*

BIBLIOGRAPHIE

DES AUTEURS CONSULTÉS ET CITÉS

Albert le Grand, *Opera omnia*, éd. Vivès.

Alphonse de Liguori (S.), *Theologia moralis*, éd. Heilig, Paris, 1862.

Ambroise (S.), *De officiis*, dans Migne, Patr. Lat., t. 16.

Antoine (Ch.), *Cours d'Economie sociale*, 4° éd., Paris, 1908.

Arriaga (S.J.), *Disputationes theologicæ in Summam*, Anvers-Lyon, 1643-1669.

Augustin (S.), *Opera omnia*, éd. Migne.

Bainvel, *Naturel et surnaturel*, 4° éd. Paris, 1910.

Baïus (Michel de Bay), *Opera*, Cologne, 1696.

Ballerini-Palmieri (S. J.), *Opus theologicum morale*, 3° éd., Prato.

Balmès, *Philosophie fondamentale*, trad. Manec, Paris, 1852.

Barré, *Tractatus de virtutibus*, Paris, 1886.

Billot (S. J.) *De virtutibus infusis*, Rome, 1901.

Boistel, *Cours de philosophie du droit*, Paris, 1899.

Bonaventure (S.), *Opera omnia*, éd. Vivès, Paris, 1864.

Bouix, *De principiis juris canonici*, Paris, 1855.

Bouquillon, *Theologia moralis fundamentalis*, 3° éd., Bruges et Paris.

Brun (Lucien), *Introduction à l'étude du droit*, 2° éd., Paris, 1887.

Bucceroni (S. J.), *Institutiones theologicæ*, 5° éd. Rome, 1908; *Enchiridion morale complectens selecta Decreta et Definitiones Sanctæ Sedis, Œcumenicorum Conciliorum et Sacrarum Romarum Congregationum, quæ Professoribus et Confessariis magis usui esse possunt*, Rome, 4° éd., 1903.

Capreolus (O. P.), *Defensiones Theologiæ divi Thomæ aquinatis*, éd. Paban et Pègues, Tours, 1900. — L'édition princeps, Venise, 1483, a pour titre : *In l.l. sententiarum amplissimæ q.q. pro tute la doctrinæ d. Thomæ ad scholasticum certamen egregie disputatæ*.

Cajetan (O. P.), *Summa Theologica cum commentariis*, Rome, 1775.

Castelein (S. J.) *Institutiones philosophiæ moralis et socialis,* Bruxelles, 1900.

Cathrein (S. J.), *Philosophia moralis in usum scholarum,* 3ᵉ éd., Fribourg, 1900 ; *Moralphilosophie,* Fribourg, 1899.

Cepeda, *Eléments de droit naturel,* trad. Onclair, Paris, 1890.

Chollet (Mgr), *De la notion d'ordre. Parallélisme des trois ordres de l'être, du vrai et du bien,* Paris.

Coninck (S. J), *De moralitate, natura et effectibus actuum supernaturalium,* Anvers, 1623.

Costa Rossetti (S. J), *Philosophia moralis,* Inspruck, 1886.

Denzinger, *Enchiridion symbolorum, definitionum et declarationum de rebus fidei et morum,* éd. 10ᵃ,... *quam pararit* Cl. Bannwart, (S. J.), Fribourg, 1908.

Didiot, *Morale surnaturelle fondamentale,* Lille et Paris, 1896.

Ferretti (S. J.), *Institutiones philosophiæ moralis,* 2ᵉ éd., Rome, 1893.

Fonsegrive, *Morale et société,* Paris, 1908.

Fouillée, *Critique des systèmes de morale contemporains,* 3ᵉ éd., Paris, 1893.

Franzelin (S. J.), *De Deo uno,* Rome, 1870.

Frassen (O. S. F.), *Scotus Academicus,* Paris, 1672; Rome, 1900.

Frins (S. J.), *De actibus humanis,* Fribourg, 1897-1904.

Gardair, *Les Passions et la volonté,* Paris, 1892 ; *Les vertus surnaturelles,* Paris, 1900.

Garriguet (S. S), *La valeur sociale de l'Evangile,* Paris, 1909.

Gerdil, *Discours philosophiques sur l'homme considéré relativement à l'état de nature et à l'état de société,* apud Migne, *Œuvres du cardinal Gerdil,* Paris, 1863.

Gide, *Principes d'économie politique,* 11ᵉ éd., Paris, 1908.

Gonet (O. P.), *Clypeus theologiæ Thomisticæ,* Anvers, 1744.

Gotti (O. P.), *Theologia scolastica,* Venise, 1750.

Guyau, *Education et hérédité,* Paris, 1889 ; *Esquisse d'une morale sans obligation ni sanction,* 6ᵉ éd., Paris, 1903.

Hontheim (S. J.), *Philosophia Lacensis. Institutiones theologiæ naturalis,* Fribourg, 1893.

Hulst (Mgr d'), *Conférences de Notre-Dame,* Paris, 1891-1894.

Hurter (S. J.), *Nomenclator litterarius recentioris theologiæ catholicæ,* 2ᵉ éd., Inspruck, 1892-1895; — *Theologia catholica Medii Ævi,* Inspruck, 1899.

Ignace de Loyola (S.), *Exercitia spiritualia.*

Janet (Paul), *La morale*, 5e éd., Paris, 1898.

Janvier, *Exposition de la Morale catholique, Carême de 1909.*

Jòannes a sancto Thoma (O. P.) *Cursus theologicus,* Lyon, 1663 ; Paris, 1886.

Kant, (Emmanuel), *Fondements de la métaphysique des mœurs,* trad. Barni, 1848 ; *Critique de la raison pratique,* trad. Picavet, Paris ; *Principes métaphysiques de la science du droit (1796),* trad. Barni, Paris, 1854.

Kleutgen (S. J.), *La philosophie scolastique défendue; De Deo uno,* Ratisbonne, 1881.

Laloux (S.S.), *De actibus humanis,* Paris, 1862.

Lessius (S. J.), *De justitia et jure cœterisque virtutibus cardina- libus,* Anvers, 1632.

Liberatore (S. J.), *Institutiones ethicæ et juris naturæ,* Naples,; 1900 ; *Traité de la connaissance intellectuelle,* trad. Deshayes, Paris, 1885.

Lugo (S. J.), *Opera omnia,* Venise, 1718.

Marion, *De la solidarité morale. Essai de psychologie appliquée,* 4e éd., Paris, 1896.

M. B. (Édouard de **Lehen,** S. J.), *Institutes de droit naturel privé et public, et du droit des gens,* Paris, 1866.

Mastrius de Meldulla (O. S. F.), *Disputationes theologicæ,* Venise, 1719.

Maurus (Sylvester, S. J.) *Quæstiones theologiæ,* Rome, 1677.

Mayr (S. J.), *Theologia scolastica,* Ingolstad, 1732.

Mendive (S. J.), *Disputationes Philosophiæ moralis,* Madrid.

Meyer (Théodore, S. J.), *Institutiones juris naturalis,* Fribourg, 1885-1900.

Molina (Louis, S. J.), *De justitia et jure,* Cuença, 1592.

Neubauer (S. J.), *De actibus humanis, de Legibus,* apud *Theologia Wirceburgensis, (1766-1771),* Lyon, 1852; Paris, 1883.

Newman, *An essay in aid of a Grammar of Assent,* Londres, 1870.

Nietzsche, *Humain, trop humain,* 1878 ; *Par delà le bien et le mal,* 1886.

Noldin (S. J.), *Theologia moralis fundamentalis,* Inspruck, éd. 4, 1904.

Ollé Laprune, *La certitude morale,* 3e éd., Paris 1898 ; *Le prix de la vie,* 6e éd., Paris, 1896.

Pascal (G. de), *Philosophie morale et sociale,* Paris, 1894-1896.

Pavone (S. J.), *Summa ethicæ, seu Introductio in Aristotelis et theologorum doctrinam moralem*, Lyon, 1620.

Perin (Charles), *Premiers principes d'économie politique*, 2ᵉ éd., Paris, 1897.

Pesch (S. J.), *Prælectiones dogmaticæ*, Fribourg.

Pottier, *De jure et justitia. Dissertationes de notione generali juris et justitiæ et de justitia legali*, Liège, 1900.

Puffendorf, *Traité du droit de la nature et des gens,...,* trad. Barbeyrac, Londres, 1740-1741.

Régnon (Théodore de, S. J.), *Métaphysique des causes,* Paris, éd. Sortais, 1906.

Rickaby (S. J.), *Moralphilosophy or Ethics and natural Law,* 3ᵉ éd., Londres, 1892.

Ripalda (Martinez de, S. J.), *Brevis expositio litteræ Magistri Sententiarum, cum quæstionibus quæ circa ipsum moveri possunt, et authoribus qui de illis disserunt,* Venise, 1737.

Rocafort, *La morale de l'ordre,* Paris, 1906.

Rothe (Tancrède), *Traité de droit naturel théorique et appliqué,* Paris, 1892-1896.

Roure, *Doctrines et problèmes,* Paris, 1900 ; *Anarchie morale et crise sociale,* Paris, 1903.

Rousselot (Pierre), *L'intellectualisme de saint Thomas,* Paris, 1908.

Salmanticenses, *Cursus theologiæ moralis,* Venise, 1764.

Satolli, *De habitibus et virtutibus,* Rome, 1897.

Schiffini (S. J.), *Disputationes philosophiæ moralis,* Turin, 1891 ; — *Metaphysica specialis,* Turin, 1891 ; — *Tractatus de Virtutibus infusis,* Fribourg, 1904.

Schmalzgruber (S. J.), *Jus ecclesiaticum universum,* Ingolstadt, 1717 ; Rome, 1843.

Schrader (S. J.), *De triplici ordine naturali præternaturali et supernaturali,* Vienne, 1864.

Schwalm (O. P.), *Leçons de Philosophie sociale,* Paris, 1910.

Scot (O. S. F.), *Opera omnia,* Lyon, 1639 ; Paris, 1895.

Sérol, *Le besoin et le devoir religieux,* Paris, 1908.

Sortais, *Traité de philosophie,* Paris, 4ᵉ éd., 1911..

Suarez (S. J.), *Opera omnia,* Lyon et Cologne, 1594-1655 ; Paris, 1856.

Sylvius, *Commentaria in totam Primam secundæ,* 4ᵉ éd., Anvers, 1696.

Tanner (S. J.), *Universa theologia scholastica, speculativa, pratica ad methodum s. Thomæ*, Ingolstadt, 1626-1627.

Taparelli d'Azeglio (S. J.), *Saggio teoretico di diritto naturale, appogiato sul fatto*, Naples, 1844 ; trad. franç., Tournai, 1875.

Tanquerey (S. S.), *Synopsis theologiæ moralis et pastoralis ad mentem S. Thomæ et S. Alphonsi hodiernis moribus accommodata*, éd. 3, Rome-Paris, 1908.

Tepe (S. J.), *Institutiones theologiæ moralis generalis*, Paris, 1908.

Thomas d'Aquin (S.), O. P., *Opera omnia*, Parme, 1853.

Valentia (Grégoire de Valence, S. J.), *Commentarii theologici*, Ingolstadt, 1592.

Vareilles-Sommières (Comte de), *Les principes fondamentaux du droit*, Paris, 1889.

Vasquez (S. J.), *Opera*, Lyon, 1631.

Vermeersch (S. J.), *Quæstiones de justitia ad usum hodiernum scholastice disputatæ*, Bruges, 1901.

Viva (Dominique, S. J.), *Damnatæ theses ab Alexandro VII, Innocentio IX et Alexandro VIII*, Naples, 1708 ; — *Trutina theologica thesium quesnellianarum*, Benevent, 1717 ; réédité à Ferrare, 1757, par Zaccaria, dans les *Opuscula omnia theologico-moralia*.

Vogler (Joseph, S. J.), *Juriscultor theologus circa obligationes restitutionis theorico-practico excultus in genere*, Ingolstadt, 1733, inséré dans Migne, *Theol. cursus completus*, t. 15, col. 1007.

Wilmers (S. J.), *De religione revelata*, 1897.

Wirceburgensis, *(Theologia R. R. Patrum Societatis Jesu) Theologia dogmatica, polemica, scholastica et moralis prælectionibus publicis in alma universitate Wirceburgensi accommodata)*, 2e éd., Paris, 1852.

Zaccaria (S. J.), *Thesaurus theologicus, in quo N. Alexandri, D. Petavii, Jac. Sirmondi, etc.... diss. theologico-historico-criticæ exhibentur,....*, Venise, 1762-1763.

Zallinger (S. J.), *Institutiones juris naturalis ecclesiastici et publici*, Augsbourg, 1784 ; *De usu et systematica deductione juris naturalis et ecclesiastici publici commentariolum*, Augsbourg, 1784.

Zigliara (O. P.), *Philosophia moralis*, Rome, 1876.

Walsh (Gul. J.), *Tractatus de actibus humanis*, Dublin, 1880.

SIGNES ET ABRÉVIATIONS

1° *Dans les œuvres de* SAINT THOMAS, *édition de Parme* :

1-2, q. 18, a. 1 désigne : *Somme théologique*, tome II, 1re section de la 2e partie, question 18e, article 1er.

C. GENTES désigne : tome V, *La Vérité de la Foi catholique contre les Gentils, ou Somme philosophique.*

II. D. 38. q. 1, a. 1, ad 4m désigne : tome VI, *Commentaire sur les quatre livres des Sentences de Pierre Lombard,* liv. II, distinction 38, quest. 1, art. 1, réponse à la 4e objection.

2° *La simple mention* :

CATHREIN renvoie à.... *Philosophia moralis in usum scholarum.*

DE PASCAL .... *Philosophie morale et sociale,* tome I.

MEYER.............. *Institutiones juris naturalis,* tome I.

SCHIFFINI .... *Disputationes Philosophiæ moralis,* t. I *Ethica generalis.*

TANQUEREY .... *Synopsis Theologiæ moralis et pastoralis,* t. I, *Theologia moralis fundamentalis.*

TEPE.............. *Institutiones theologiæ moralis generalis,* t. I, *de Actibus humanis, de Legibus.*

ZALLINGER.......... *Institutionum juris naturalis et ecclesiastici publici libri V.*

LA MORALE

PREMIÈRE ÉTUDE

EXISTENCE DE LA MORALITÉ

Sa nature; ses éléments essentiels.

PRÉLIMINAIRES

Point de vue historique et bibliographique.

Dans l'ensemble formé par les questions 18 à 20, de la 1ᵉ 2ᵃᵉ, saint Thomas étudie la notion de la moralité, les sources d'où elle découle, la spécification des actes : l'acte intérieur et l'acte extérieur, d'abord isolés, puis synthétisés. Déjà difficile en raison de sa terminologie laborieuse et de son point de vue très abstrait, cet endroit de la Somme, pour être pleinement compris, exige une mise au point historique.

Qu'on se reporte au Commentaire sur le Maître des Sentences, Dist. 40, du Livre II, et parallèlement au texte de Pierre Lombard, on y verra l'état de la question, la nature des polémiques soulevées aux xiiᵉ et xiiiᵉ siècles touchant la moralité matérielle ou objective des actes, leur moralité subjective ou formelle (moralité de l'intention) et touchant la conciliation de ces points de vue, systématiquement divergents.

Ces controverses ne sont qu'un épisode représentatif de la lutte séculaire entre deux grands systèmes.

D'une part, la morale de l'ordre a été systématiquement faussée par des naturalistes de toute époque et de toute nuance, exécutant toutes sortes de variations sur le vieux thème stoïcien : Sequere naturam. — De nos jours, ce sont des positivistes, ou des matérialistes qui veulent proscrire toute considération de finalité ou d'intention [1].

D'autre part, la morale de l'intention a été faussée en sens contraire, systématisée jusqu'à l'outrance de l'idéalisme kantien. L'élément matériel y est négligé, presque entièrement sacrifié, pour ne laisser subsister que l'élément formel [2].

Le P. Portalié, dans l'article *Abélard* (Dictionnaire de Théologie catholique, tom. I, col. 47), résume bien les doctrines *abélardiennes* en cette matière : ce sont les erreurs de son école longtemps persistantes (voir ibid. col. 50) — que saint Thomas combat ou rectifie, loc. cit.

A la lecture de la Dist. 40, qu'on ajoute celle des distinctions précédentes dans le Maître des Sentences, et dans ses commentateurs, et l'on verra se former les premiers chapitres, les plus ardus, de la morale scolastique ; l'on verra se débrouiller — combien péniblement — les notions d'objet, de fin, d'intention, etc..., notions maintenant si

1. Voir un bon spécimen de cette mentalité dans les idées d'Albert Bayet, *la Morale scientifique : Essai sur les applications morales des sciences sociologiques*, 1905 ; et l'*Idée du bien : Essai sur le principe de l'art moral rationnel:* idées résumées par le Dr Grasset, dans son article sur : La morale scientifique et la morale de l'Evangile devant la sociologie (*Etudes*, 20 nov. 1908, p. 433).

2. Comment la doctrine de saint Thomas s'oppose à ces deux excès : voir *Anarchie morale et crise sociale*, par L. Roure, 1902, p. 151 sq.

bien analysées, si simplement définies par les manuels classiques, que nous perdons de vue leur premier état très indéterminé — en quelque sorte chaotique — fournissant matière aux controverses les plus subtiles. A ce point de vue, voir particulièrement la Dist. 35 : Quid sit peccatum ? (désordre de l'acte intérieur seul ? ou encore de l'acte extérieur ? différence essentielle du bien et du mal, etc..); la Dist. 38 : De voluntate et ejus fine (importance de la fin ou de l'objet formel ? relation des actes à leur fin ? multiplicité et subordination des fins, distinction de l'intention et de l'élection, etc..); la Dist. 41 : An omnis intentio, vel actio eorum qui carent fide sit mala ?

BIBLIOGRAPHIE

I. Systèmes. — Pour l'exposé et la critique des divers systèmes, voir : Meyer, Institutiones juris naturalis, n. 141 ; Cathrein, Moralphilosophie, I Bd, p. 138-240, et p. 323-448. On pourra encore consulter : Roure, Anarchie morale et crise sociale, 1903; c. 3, Morales positivistes, et c. 4, Morales idéales; Tanquerey, Theologia moralis fundamentalis, 1908, p. 22-36 ; Fouillée, Exposé critique des systèmes de morale contemporains ; Sortais, Traité de philosophie, t. II, p. 430-489, donne des références nombreuses.

II. Le fait moral, d'après l'Ecole catholique. — S. Thomas, 1-2, q. 18, a. 1 et 2, avec ses commentateurs; voir aussi dans les Distinctiones Sententiarum les passages précédemment indiqués.

On étudiera commodément les Distinctions du Maître des Sentences, surtout l. II, dist. 36 à 41, en se reportant à Martinez de Ripalda, Brevis expositio litteræ Magistri Sententiarum, cum quæstionibus quæ circa ipsum moveri possunt, et authoribus qui de illis disserunt, Venise, 1737, qui fournit une abondante bibliographie des commentateurs de Pierre Lombard (S. Bona-

venture, Scot, Richard de Middletown, Gilles de Rome, Durand,
Auréol, etc...) — aussi bien que de S. Thomas (Cajetan, Medina,
Valentia, Suarez, Vasquez, Coninck, Tanner, Azor, etc...)[1].

1. Sur ces représentants principaux de la scolastique, voir les détails bio-
bibliographiques dans HURTER, *Nomenclator litterarius*, Inspruck.

CHAPITRE PREMIER

LE FAIT MORAL

DESCRIPTION ET CLASSIFICATION

Pour étudier scientifiquement un être vivant, on peut concevoir la marche suivante :

1º Description générale et rudimentaire de l'être et de ses conditions d'origine ; — 2º classification naturelle ou spécification, *per genus et differentiam* ; — 3º étude analytique des parties essentielles ; — 4º synthèse des fonctions principales ; physiologie de leur activité, dans la solidarité de leurs réactions.

C'est une marche analogue, et aussi commandée par la controverse abélardienne, que suit saint Thomas dans l'étude du *fait moral* :

1º étude de l'acte humain *concret*, antérieur à toute analyse, à toute distinction d'acte extérieur et intérieur ; d'où notion ·concrète de la moralité, notion transcendental « commune » obtenue par analogie avec tout être physique : l. c., q. 18, a. 1 — 4 ;

2ᵉ sa spécification logique et les problèmes complexes qu'elle soulève, q. 18, a. 5 et sq ;

3º *étude analytique* de l'acte *intérieur*, celui qu'envisageait principalement ou exclusivement l'école idéaliste d'Abélard, qu. 19. Saint Thomas oppose aux Abélardiens une certaine identité de l'objet et de la fin (a. 2), éléments que leur sophistique avait indûment dissociés;

4° étude de la moralité objective (acte extérieur) et sa relation avec la moralité subjective de l'intention. Enfin, *synthèse*, montrant l'unité de la moralité objective et de la moralité subjective, et fusionnant en quelque sorte l'acte intérieur et l'acte extérieur dans l'unité de leur être moral : « *in unum esse moris* ».

Voir :

Les scolastiques : Pierre Lombard, S. Thomas, S. Bonaventure, (références précédemment données); Valentia, Medina, Cajetan, et autres commentateurs en cet endroit de la Somme ; t. 4, Suarez, de bonitate et malit. human. actuum, disput. iv-x; Billuart, diss. 4.

S. Alphonse, Theol. mor., tract. de act. hum., n. 34-40; Ballerini-Palmieri, n. 81-102; Muller, Theol. mor, 1868, t. I, § 22-24 ; et § 101 sq.; Bouquillon, Theol. mor. fundam, 1903, n. 347 sq. ; Tanquerey, Theol. mor. fundam., 1908, n. 139-168; Noldin, Theol. moralis, 1904, t. I, n. 56-65 ; Tepe, Inst. Theol. mor. generalis, 1898, t. I, p. 47-65 ; Pesch, Prælect. dogmaticæ, 1895, t. III, p. 314-330.

Manuels de philosophie : Schiffini, Disput. philos. moralis, v. I, 1891, p. 91-142 ; Meyer, Institutiones juris naturalis, v. I, 1885 (in « Philos. Lacensi ») p. 100-160; Cathrein, Philos. moralis in usum scholarum, 1900. p. 50-97 ; Ferretti, Institut. philos. moralis, 1893, p. 255-288 ; Zigliara, Philosophia moralis, 1876, p. 49-61. — Vulgarisation excellente dans : Gardair, Les vertus naturelles, 1901, p. 61-171 ; P. de Pascal, Philosophie morale et sociale, 1894, t. I, p. 85-119 ; Rocafort, La morale de l'ordre, p. 51-84 : Le bien ou la conformité à l'ordre.

I

Existence de la moralité.

Pour mettre en évidence l'existence de la moralité, saint Thomas part de points de vue très généraux (ordre transcendental) :

1° *La plénitude d'être.* — La perfection de l'acte humain (plenitudo essendi) est envisagée au même titre que celle d'un être quelconque ; l'acte est bon dans la mesure où il possède cette plénitude, mauvais dans la mesure où il s'en écarte (q. 18, a. 1).

2° *Le terme du mouvement.* — L'acte humain est envisagé comme un mouvement quelconque, spécifié par son terme, ou sa direction (ib., a. 2).

La moralité est alors la direction de l'acte humain vers une fin ou un bien convenable à la nature.

3° *L'objet formel spécifiant.* — Le terme qui caractérise, détermine, spécifie ce mouvement humain, c'est le bien présenté par la raison (ib., a. 5).

DÉVELOPPEMENTS

Voir Meyer, op. cit., liv. I, c. 1 : Synthesis propædeutica de activitate causarum... en particulier art. 4, de actione ipsa ut est motus ad terminum ; et ch. 3, de fine naturali actuum humanorum ; en particulier p. 19-30, de naturæ humanæ expansione — de ejusdem expansionis objecto formali.

1° — **La plénitude d'être et la puissance d'expansion.** — Il y a dans la nature humaine une puissance d'expansion (inclination générale, ensemble d'inclinations comprises dans cette inclination générale) par où la nature est sollicitée à se développer, à réaliser sa fin, celle qui lui fut assignée par le

Créateur. Dans cette expansion, propre à la nature humaine, toutes les tendances sont harmonieusement coordonnées et subordonnées à une tendance supérieure, pour l'unité de l'action et la perfection de l'agent (ordre des tendances subjectives). D'où la notion d'acte naturel, d'acte convenable à la nature humaine, d'acte humain.

Cf. S. Th. 1-2, q. 1, a. 1 ; q. 18, a. 1 ; II D. 3o, q. 1, a. 1, ad 4.

2° — **Le terme du mouvement.** — Se rappeler les adages scolastiques : Potentia per suum objectum formale specificatur ; motus specificatura termino. Le terme de ce mouvement d'expansion, c'est la perfection, c'est le bien. On y peut considérer : son extension universelle ; le mode déterminé suivant lequel il termine ou spécifie le mouvement de la volonté humaine.

Extension possible universelle. L'objet de cette puissance et de ce mouvement d'expansion, c'est le bien universel, non pas le bien abstrait, indéterminé, rêve des ontologistes, mais le bien conçu de façon universelle et transcendentale, au sens de l'Ecole.

Toutes les tendances de la volonté ont pour forme générale cette inclination de la volonté vers le bien.

3° — **L'objet formel et spécifiant.** — Le terme qui spécifie cette direction et ce mouvement humain, c'est le bien présenté par la raison (a. 5), c'est-à-dire le bien auquel la raison reconnaît une convenance avec la nature (bonum conveniens humanæ naturæ) une aptitude à perfectionner la nature, à lui fournir sa plénitude d'être (I, q. 5, a. 6).

Remarque I. — Cette convenance à la nature peut être en même temps une convenance à l'ordre universel créé (1-2, q. 19, a. 10); les deux points de vue ne sont nullement opposés : le bien de la nature peut être en même temps le « bien de l'ordre » : il suffit pour cela que la nature soit envisagée dans son adéquate extension (adæquate spectata) dans toutes ses relations essentielles et naturelles avec l'ordre des créatures. Par cette extension, nous envisageons toujours le bien convenable à la nature raisonnable, normalement située dans l'ordre universel.

Remarque II. — Saint Thomas considère *un ordre double* : celui de la nature individuelle ordonnée — par l'harmonieuse conspiration de ses tendances — vers sa perfection individuelle et sa fin dernière ; et celui de la nature solidarisée avec d'autres natures dont elle dépend, comme d'autant de moyens pour atteindre sa fin dernière (II, D. 1, q. 3, a. 3).

Le but de *l'ordre total*, synthèse de ces deux ordres, est une certaine assimilation à la bonté divine de toutes ces créatures, de tous ces moyens et de toutes ces fins (ib., a. 2, ad 4^m).

Remarque III. — Le vrai bien de l'homme doit lui convenir suivant une règle de bonté universelle et absolue ; de là le concept d'*honnêteté* ou *rectitude* : direction vers un bien absolument convenable à la nature, c'est-à-dire bien absolu, relatif du moins à une fin universelle — le bien absolu (terminus totaliter quietans motum appetitus) est le bien honnête (honestum) inhérent à l'acte humain et à son objet : il s'oppose au bien relatif (utile, delectabile).

Remarque IV. — Le bien présenté par la raison (bonum rationis) est en même temps le bien de l'ordre (bonum ordinis).

Meyer montre admirablement comment cette notion du bien de l'ordre synthétise le vrai, le beau et le bien, que l'on peut ainsi considérer comme les éléments constitutifs de l'ordre moral (l. c., n. 47).

A) Question de méthode.

Beaucoup d'auteurs, sans s'arrêter à la notion provisoire et au point de vue très large de la q. 18, se hâtent d'établir une définition rationnelle de la moralité. Voir pourtant : Zigliara, p. 29-30 : De bono et malo actionum humanarum oportet loqui proportionate, sicut de bono et malo in rebus : actio humana dicitur bona ex plenitudine essendi, quæ ipsi debetur.... Schiffini, p. 91, n. 55, montre que la première notion du bien moral n'est qu'une application ou dérivation de celle du bien transcendental.

Mgr Chollet, De la notion d'ordre, cap. 6 : ordre du bien, rend exactement les principales conceptions de saint Thomas. — Voir surtout : cap. 6, § 1 : Notion du parfait ; § 4 : Proportion qui doit exister entre le bien d'une chose et cette chose ; — plénitude d'être ; § 6 : Caractères du bien. Il est une fin et le but des tendances.

Dans des ouvrages de vulgarisation contemporaine, on trouve des équivalents assez heureux du point de vue scolastique. Ainsi Ollé-Laprune, Le Prix de la vie, 1903 (ch. 7-9 : L'idée de l'homme — la vertu pratique de l'idée de l'homme — la science et la vie) ; et Rocafort, La morale de l'ordre (p. 55, sq. : valeur intrinsèque de la personne humaine) envisagent la vie humaine comme une tendance, orientée vers l'acquisition d'un idéal, d'une valeur qui n'est autre que sa « plénitude » au sens expliqué ci-dessus.

B) Le radicalisme de Nietzsche.

Au point de vue de saint Thomas, à sa primitive acceptation du fait moral, antérieure à l'analyse systématique, — il est intéressant de comparer les négations radicales et aprioristes formulées par Nietzsche.

Nietzsche rejette comme gratuites, *trop humaines*, les vulgaires croyances à la distinction du bien et du mal. Il les condamne, semble-t-il, comme solidaires d'une autre croyance : la croyance à la hiérarchie des biens.

Voir ses ouvrages : Humain, trop humain, c. 2 : Pour servir

à l'histoire des sentiments moraux; — Par delà le bien et
mal, c. 1 : Préjugés des philosophes.

Au contraire : la philosophie de saint Thomas reconnait,
admet le fait moral primitif; et, *postérieurement,* elle cherche
à en formuler distinctement la raison d'être, — du moins le
criterium, la norme discriminante, qui lui parait être le respect d'une certaine hiérarchie des valeurs, ou des biens, —
la conformité aux fins providentielles, c'est-à-dire à l'organisation de cette hiérarchie. — On le verra plus loin.

II

Sources de la moralité.

A) L'objet est donc évidemment une source de la moralité : celle-ci conçue comme une direction (la direction d'un
mouvement...) doit être caractérisée par le terme de ce
mouvement, autrement dit l'objet, convenable ou non :
« Prima bonitas moralis attenditur ex objecto convenien-
ti. » (S. Th., 1-2, q. 18, a.2.) Et encore : « Ipsa proportio
actionis ad effectum est ratio bonitatis ejus » (ad 3um).

B) Les circonstances donnent à l'acte sa perfection accidentelle (S. Th., ibid., q. 18, a.3, compare aux accidents
physiques les circonstances de l'acte moral).

C) La finalité surtout : c'est d'elle que tout être, même
dans l'ordre physique, recoit un caractère de convenance
et de proportion — a *fortiori* dans l'ordre moral (a. 4).

Conclusion générale : quadruple point de vue de la bonté :
transcendentale : c'est-à-dire commune à tout être physique
ou moral; *spécifique,* dérivée de la convenance objective ;
accidentelle, dérivée des circonstances; *relative* à la fin (a. 4).

BIBLIOGRAPHIE

S. Thomas et ses commentateurs, in h. loc.

Noldin, n. 56-65; Bouquillon, p. 649-684, très développé, mais

chargé de questions incidentes et fort éloigné du point de vue
et de la position historique de la Somme; Pesch, p. 314-333;
Tepe, p. 47-69.

Meyer considère dans les sources de la moralité autant de
cas particuliers où s'applique la règle générale des actions
morales : p. 154-157, Thèse xx ; Gardair, les Vertus naturelles,
p. 63-76 ; — De Pascal, c. vi, suit d'assez près le processus
logique de la Somme : Première notion de la moralité, plénitude d'être — objet convenable — moralité objective et subjective.

III

Spécification de la moralité.

1° **La moralité constitue un caractère spécifique.**

La moralité, loin d'être un caractère accidentel, constitue
une différence spécifique ; c'est-à-dire : l'acte moral appartient à une espèce définie, à une *catégorie spécifiquement
distincte.*

Car 1° Il y a des objets ou des fins essentiellement
convenables à la nature ; il y en a d'essentiellement contraires, l. c., a. 5.

2° Tout acte délibéré est spécifié par sa fin, celle-ci étant
l'objet propre de l'acte intérieur de volonté, l. c., a. 6.

BIBLIOGRAPHIE

Voir S. Thomas et ses commentateurs, in h. l., notamment
Cajétan, qui prend occasion de ce passage de la Somme, pour
une visée systématique, relativement à un *élément positif du
mal* : Ad claritatem hujus obscuræ difficultatis scito, quod
dicere non auderem, nisi expressa D. Thomæ sententia, in I
p., qu. 48, a. 1, ad 2ᵐ; et 3 Cont. Gentes, c. 9, explicaret, quod
hic tangitur, scilicet quod malum genus et differentia in moralibus formaliter est ens positivum, et bonum in se, quamvis

sit malum homini secundum rationem : sicut forma mortui est quoddam ens et bonum in se, quamvis sit malum vivo.

Beaucoup d'auteurs modernes, au lieu de faire voir que le bien et le mal moral constituent en tout acte une différence spécifique, se bornent à prouver qu'il y a des actions intrinsèquement bonnes et des actions intrinsèquement mauvaises. — Ou bien ils discutent simplement la possibilité d'actions indifférentes (quoad speciem simpliciter, vel etiam quoad individuum.)

Pourtant, en dehors de la littérature scolastique, on peut trouver tout au moins d'importantes indications pour la présente question.

Dans l'Espèce humaine, ch. 24, M. de Quatrefages considère la moralité comme un caractère spécifique de l'humanité. — Et Rocafort, op. cit., après avoir établi une première et approximative notion de la moralité (valeur intrinsèque de la personne humaine — idéal commun de l'élite pensante) cherche à rapprocher de cette notion provisoire une notion plus spécifique : les progrès de la science donnent de plus en plus à l'homme, caractérisé comme un être qui agit moralement, une place prépondérante, une supériorité marquée. Voir ch. I, n. 4 : les sciences naturelles justifient cet idéal, en motivant la croyance à la supériorité de l'homme ; cette supériorité est fondée essentiellement sur le degré de son développement spirituel ; et n. 5 : D'où il suit que le bien pour l'homme est de vouloir sa perfection spécifique et humaine, de se conformer à l'ordre des choses qui l'a fait ce qu'il est.

2° Influence des diverses sources (objet, fin, circonstances) sur la spécification de la moralité.

Voir en général : S. Thomas, 1-2, q. 18, a. 5-11 : de Malo, q. 2, a. 5 ; II, D. 40, a. 1 ; Suarez, t. 4, de bonit. et malit. human. act., disp. 4-10 ; Billuart, diss. 4 ; S.Alph., Theol. mor., loc. cit., n. 34-40 ; Ballerini-Palmieri, n. 81-101 ; Bouquillon, Tepe, Tanquerey, Noldin, op. cit.

Le fait de cette influence est bien établi par Meyer (op. cit.

n. 190) faisant voir comment de cette triple source vient à l'objet : sa rectitude (conformité à l'ordre) et par suite son orientation libre vers la fin.

Principes qui régissent cette influence :
En raison de la multiplicité et de la concurrence de ces trois sources, de leurs espèces de moralité souvent *disparates* ou *contraires,* surgissent des cas divers, souvent très complexes.

Voici quelques indications bibliographiques particulières :
Sur la spécification provenant de *l'objet :* Suarez, t. 4, l. c., disp. 4 ; Bouquillon, n. 355-357 ; Noldin, n. 58 ; Tanquerey, n. 144 ; Cathrein, Philos. mor., n. 97-101 ; Walsh, tr. de Act. hum., cp. 3, a. 2, n. 530, sq.
Spécification provenant *des circonstances :* Suarez, t. 4, l. c., disp. 5 ; Bouquillon, n. 368-370 ; Noldin, n. 64 ; Tanquerey, n. 159-161 ; Cathrein, op. cit., n. 102-104.
Spécification provenant *de la fin :* Suarez, disp. 6 ; Bouquillon, n. 363-365 : Tanquerey, n. 148-152 ; Tepe, art. 3, p. 58-69.
Noldin, n. 64, synthétise avec sa clarté habituelle cette matière si complexe : l'acte pouvant être objectivement bon, mauvais ou indifférent, peut être rapporté à une fin bonne, mauvaise ou indifférente.

3° Problème de l'indifférence des actes.

Cf. S. Thom., 1-2, q. 18, a. 8 et 9 ; de Malo, q. 2, a. 5 ; Suarez, de bonit. et malit., disp. 9, s. 3 ; Meyer, n. 191-195 ; Ballerini, Opus theol. mor. in Busembaum, vol. 1, tr. 1, c. 8 ; Bouquillon, n. 377 ; Tanquerey, n. 189-195 ; Schiffini, n. 77-82 (excellentes citations et solutions de difficultés).

Désireux d'éviter les querelles de mots, nous nous bornerons sur cette question délicate aux simples indications suivantes.
1° *Position de la question.* — Peut-il se rencontrer des

cas où l'acte humain délibéré ne reçoive aucune moralité des sources susdites (objet, fin, circonstances)?

Tout le monde concède que certains actes, considérés isolément (in specie, in abstracto) indépendamment de toute intention subjective, sont indifférents.

2° *Matière habituelle de la controverse.* — Il s'agit surtout d'actes relatifs à des objets d'ordre matériel, inférieur, ordonnés aux fins de l'activité sensible et corporelle (ambulare, comedere, etc.).

Dans la présente controverse il s'agit de ces actes envisagés *in individuo*, c'est-à-dire solidaires de toutes les intentions et dispositions individuelles, de la vie présente et passée.

3° *Comment de pareils actes peuvent-ils entrer dans l'ordre moral?* Cf. Cathrein, n. 115. — Ces actes peuvent faire partie de l'ordre sensitivo-rationnel où se meut la nature humaine : « hoc ipsum quod aliquis agit ordinate ad sustentationem vel quietem sui corporis, ad bonum virtutis ordinatur in eo qui corpus suum ordinat in bonum virtutis » (1–2, q. 18, a. 9, ad 3). Que faut-il pour que l'action soit dite « ordinata » ? cf. saint Thomas, II D. 40, q. 1, a. 5, c. ; et ad 3^m, texte expliqué par Cathrein, loc. cit.

4° *Remarque sur la « continuité de vie »* — autrement dit la solidarité, la dépendance des séries d'intentions, — La philosophie de saint Thomas est tout entière pénétrée de cette idée, à laquelle la philosophie moderne, scolastique aussi bien que laïque, semble revenir spontanément.

Cf. Meyer, loc. cit. ; Marion, de la Solidarité morale, 4e éd., 1897, Introduction ; et spécialement, p. 2, une note relative à Renouvier, Essais de critique générale, et Secrétan, Philosophie de la liberté.

Walsh, De act. hum., n. 71, sq., au sujet de l'intention virtuelle et de son mécanisme psychologique, donn; un intéressant résumé de quatre théories scolastiques : celles de Suarez

Tract. de Sacramentis in genere, disp. 13, s-3, n. 6; de Haunold, Theol. specul. lib. 4, n. 689 ; de Lugo, de Sacramentis in gen. disp. 8, s. 5 ; de Mastrius et Struggl.

4° Solutions d'écoles opposées. — Saint Thomas nie la possibilité du cas susdit ; saint Bonaventure et l'école scotiste l'admettent.

En raison de la subtilité des problèmes, et des perfidies de la terminologie (habitualiter, virtualiter, ordinare, referre, etc.) on peut encore — au sein de ces deux grandes écoles, ou entre les deux — distinguer des nuances et des originalités.

Ainsi par exemple, Schiffini, op. cit., p. 127, n. 78, veut compter comme troisième opinion celle de Suarez (tr. de bonit. et malit., D. 5, s. 2, n. 2-7 ; et D. 9).

Principe de solution (en faveur de la première opinion) :
Principe de continuité. — La vie morale est constituée par une série d'actes continue, où, en vertu de l'enchaînement et de la dépendance des fins, chacune de ces fins reçoit de la fin dernière sa valeur morale.

Conséquence immédiate : pour être droite à l'égard de l'ordre des fins providentielles, l'attitude générale et habituelle de la volonté humaine doit être telle que les diverses fins soient positivement subordonnés à la fin dernière.

Cf. Meyer, loc. cit., n. 193, p. 170.

On peut voir aisément d'où vient l'opposition entre les deux écoles : l'une conçoit, comme élément indispensable de la rectitude morale, un enchaînement réel (bien qu'habituel, non actuel) des intentions libres entre elles, et un rapport intentionnel (relation volontaire positive) de toute cette série avec la fin dernière ; l'autre nie la nécessité d'un pareil rapport : elle déclare concevoir un acte moral délibéré, qui n'aurait avec la fin dernière aucun rapport réel positif — seulement une *possibilité de rapport*, « mera referibilitas ».

Saint Thomas s'exprime en termes très forts sur la nature positive et réelle (bien qu'habituelle et inconsciente) de ce rapport, de cet enchaînement virtuel, de cette dépendance causale entre les intentions successives. — En particulier, II, D. 38, q. 1, a. 1, ad 4^m, où il exige, outre l'intention habituelle, formée une fois pour toutes (quod aliquis in habitu tantum Deum et caritatem habeat), — un rapport établi entre cette fin et les actions postérieures — par suite une continuité de rectitude, causante et causée, dans la série des actes (quod ratio actiones sequentes in hunc finem ordinaverit, ita quod rectitudo illius ordinationis in actionibus sequentibus salvetur). Et il donne comme exemple, emprunté d'Avicenne, le procédé de l'artiste, qui demeure au cours de l'exécution sous la réelle dépendance des règles ; celles-ci, une fois comprises et adoptées, assurent la rectitude de son œuvre (sicut prius excogitavit per regulas artis, ita postmodum operatur, et sic in opere rectitudo artis salvatur).

Preuve de la première opinion. — Voyez le dilemme établi par Meyer (loc. cit.) : ou bien il y a relation de subordination positive (au sens qu'on vient de dire : médiatement ou immédiatement, explicitement ou virtuellement) — ou bien cette relation fait défaut. Si oui, il y a « rectitude » de l'action : elle est bonne. Si non, elle manque de « rectitude », elle est mauvaise.

N.-B. — Dans la pensée de saint Thomas — (I, q. 80, a. 1 ; 1-2, q. 1, a. 6 ; et de Verit., q. 22, a. 1 et 2) — un certain appétit implicite de la fin dernière est commun à tous les êtres de la nature ; à l'homme appartient l'appétit explicite, celui qui — joint à la connaissance explicite des fins, des moyens et de leurs rapports — sait rattacher explicitement les moyens aux fins : « sola rationalis natura potest secundarios fines in ipsum Deum per quamdam viam resolutionis inducere, ut sic ipsum Deum explicite appetat. Et sicut in demonstrativis scientiis non recte sumitur conclusio nisi per resolutionem in proxima principia — ita appetitus creaturæ rationalis non est rectus, nisi per appetitum explicitum ipsius Dei, *actu vel habitu.* »

CHAPITRE II

ANALYSE ET SYNTHÈSE

ACTE INTÉRIEUR; ACTE EXTÉRIEUR

Jusqu'ici (q. 18) l'objet et la fin ont été considérés simplement comme *sources* de moralité de l'acte. Dans la question suivante, le problème est serré de plus près ; l'acte est analysé, distingué en acte intérieur et extérieur ; puis ces éléments sont ramenés à la synthèse vivante du fait moral.

Pour comprendre pleinement en cette matière la pensée de saint Thomas, se rappeler la controverse contemporaine qui fut l'occasion de ces analyses de l'acte humain. La sophistique d'Abélard et de son école opposait violemment l'acte extérieur (moralité objective) à l'acte intérieur (spécifié par la fin). Voir plus haut, p. 2.

Saint Thomas ne méconnaît point cette distinction ; mais elle ne le conduit point à des exagérations systématiques. Il la corrige : soit en identifiant, quand il y a lieu, l'objet et la fin (finis operis) — soit en synthétisant, après analyse, les deux éléments de l'acte total. — En même temps : 1° contre le rationalisme d'Abélard, il rappelle que la raison humaine n'est qu'une règle de moralité subordonnée et dépendante (q. 19, a. 3) ; 2° considérant, au sein de l'ordre moral, certaines antinomies apparentes, qui donnaient beau jeu à la sophistique d'école (q. 19, a. 10) — il les concilie dans la considération de l'ordre total et plénier, ordre de fins providentielles auxquelles la volonté humaine doit se conformer, sous peine de contredire sa règle de « rectitude ».

BIBLIOGRAPHIE

Sur l'acte intérieur et sa règle :

S. Thomas, 1-2, q. 19; et ses commentateurs, notamment Valentia, Suarez, Billuart, le cours de Salamanque.

Parmi les cursistes : Muller, Theol. moralis, Vienne; Bouquillon, Theol. mor. fund., ed. 3ª, 1903, n. 65.

Des manuels de philosophie exacts et consciencieux sont particulièrement nécessaires en cette matière délicate. On peut recommander entre tous : Schiffini, Disput. philos. moralis, 1891, n. 57-64; — Meyer, Jus naturale, 1906, n. 181-180; — Zigliara, Philos. mor., art. 1, de bonitate et malitia; art. 6, de principiis moralitatis; — Cathrein, Philos. moralis (in usum scholarum), 1900, n. 84-96; — Ferretti, de essentia boni malique moralis, 1905, p. 8-60.

Expositions d'allure moins austère; vulgarisations savantes :

Mgr d'Hulst, Carême de 1891, 4ᵉConf., surtout p. 150, sq. ; et, ibid. Note 29, p. 399-407. Cette note s'appuie sur une étude de l'abbé de Broglie, parue dans les Annales de Philosophie chrétienne, déc. 1890, t. 23 de la nouvelle série, p, 266-303. — Gardair, les Vertus naturelles, p. 98-111 ; — Rocafort, La morale de l'ordre, p. 80-83 : le bien est de se conformer à l'ordre, « le fondement ultime » de la moralité; et ibid., p. 84-89 : ce bien est convenable à la nature de l'homme; — Roure, Doctrines et problèmes, 1900, ch, 7, p. 209-242 ; du même : Anarchie morale et crise sociale, 1903, surtout p. 149-150 : Morale de l'ordre, exposée d'après les textes mêmes de la Somme théologique.

I

Bonté de l'acte intérieur.
La raison humaine, règle subordonnée.

Voir : 1-2, q. 19, a. 1-4, S. Thomas et ses commentateurs.

1° La bonté de l'acte moral dépend de son objet (car l'objet donne à l'acte délibéré sa différence spécifique. — Voir plus haut p. 13).

2° Elle dépend de l'objet seul (la fin étant incluse dans l'objet ; a. 2), non des circonstances, qui sont choses accidentelles.

3° Elle dépend de l'objet connu par la raison (a. 3) ; mais la raison humaine, raison créée, contingente dans son être, subordonnée dans son exercice, dépend de la raison divine, la loi éternelle (a. 4). Nous sommes ainsi conduits de la considération des sources à la considération des facultés connaissantes.

N.-B. — A la vérité, la loi éternelle (acte de la raison divine) nous est inconnue ; elle se manifeste pourtant à nous : soit par la raison naturelle qui en est dérivée, soit par une révélation surajoutée à la raison (ad 3).

Pour développements et éclaircissements, cf. Meyer, th. 18 : ontologicum discrimen... formaliter et absolute consistit in conformitate... cum divina ratione ; et th. 19 : proxime in ipsa ratione humana practica... objectiva moralitatis norma exstat, verum secundaria et relativa.

DÉVELOPPEMENTS ET REMARQUES

I. Cette formule : « L'acte moral est l'acte conforme à la raison humaine et à la raison divine » a sur d'autres l'avantage :

1° de répondre à une position plus précise de la question. En effet, nous ne nous contentons pas de cette solution, formulée par beaucoup de cours et de manuels : l'acte moral est celui qui est ordonné ou proportionné à la fin dernière. Mais, à la question ainsi formulée : Quel est précisément l'acte proportionné à la fin dernière? A quoi le reconnaît-on? — nous répondons : on le reconnaît à sa conformité avec la raison humaine (règle prochaine) et avec la raison divine (règle éloignée). Cf. ib. n. 181.

2° d'être la plus complète et la plus compréhensive : « Si dicitur : honesta est actio, quatenus naturæ hominis rationali secundum omnes ejus essentiales relationes complete sumptæ conformatur, vel in Deum tanquam in finem hominis rerumque omnium dirigitur, vel quatenus objective est amor Dei, vel creatam voluntatem divinæ conformat, etc...; inhonesta autem quæ his contraria est : verum sane in his omnibus dicitur ; sed tamen nullum est eorum, cujus non ratio reddi possit ulterius, scilicet per ipsam ejus absolutam *rationalitatem* vel irrationalitatem, i. e. per conformitatem cum divina Ratione, tanquam absoluto ordine operabilium » (Meyer, op. cit., n. 182).

II. Il s'agit de la raison pratique, non pas sous son aspect subjectif, individuel et variable, mais en tant qu'essentiellement commune à tous les êtres raisonnables ; elle peut connaître évidemment (bien que partiellement et fragmentairement) l'ordre des fins pratiques, conséquemment l'ordre des actions droites : *ordo operabilium*. Elle le connaît comme elle connaît toute autre notion universelle, par le mécanisme ordinaire de l'abstraction ; dans les actes concrets particuliers, elle considère spontanément « *per directam evidentiam, necessitate naturæ* » le caractère abstrait d'action ordonnée ou d'action désordonnée. Cf. Meyer, p. 150.

De cette remarque de Meyer, rapprocher une vue de M. Guyau dans Education et Hérédité, p. 54 et sq., reproduite avec insistance dans : Esquisse d'une morale sans obligation ni sanction. — Note p. 109 sq. — relativement à l'idée du « type humain normal, idée esthétique et morale qui n'est pas plus difficile à acquérir que celle de l'arbre ou de l'animal par exemple, et qui, une fois acquise, tend à se réaliser en nous ».

III. Ainsi compris, comme critère immédiat, norme prochaine, le principe de moralité peut s'exprimer sous diverses formules : Les actions humaines sont honnêtes ou non, suivant qu'elles sont conformes ou contraires à la raison pratique, suivant qu'elles concordent ou non avec l'ordre des actions humaines rationnellement connu (ordo operabilium universalis naturaliter cognitus), suivant qu'elles satisfont aux premiers principes de la raison. Cf. Meyer, n. 185.

IV. Valables pour désigner le principe proche et dérivé de la moralité, ces formules seraient facilement entachées de kantisme, si l'on omettait d'y exprimer explicitement ou du moins d'y entendre implicitement l'élément nécessaire : leur essentiel rapport à la raison divine, fondement absolu de la moralité. D'ailleurs, la « raison pratique pure » de Kant, étant toute « formelle », exclut ou néglige la considération de l'élément matériel nécessaire : ordre des fins, supérieur à l'homme et indépendant de lui.

Cf. Meyer, n, 185-186 ; — Roure, Doctrines et Problèmes, ch. 7, Vertu kantienne et vertu chrétienne : Kant dédaigne le contenu de la loi.

II

La conformité aux fins providentielles.

Il faut maintenant étudier avec un soin particulier l'art. 9 de la q. 19. On y trouvera la considération de l'ordre, en tant que providentiellement voulu, et la conformité à la volonté divine conçue comme moralité habituelle (ou virtuelle) — c'est-à-dire habituelle disposition de conformité à l'ordre.

Mais auparavant, il convient de rappeler :

D'abord quelques généralités théologiques, sur l'ordre conçu comme un ensemble de fins et de moyens providentiels dont l'homme doit se servir, et dans lequel il doit se maintenir, conformément aux intentions providentielles, pour parvenir ainsi à la fin dernière de tout ordre : « Ordo est, quem si tenuerimus in vita, perducet ad Deum, et quem nisi tenuerimus in vita, non perveniemus ad Deum » (Saint Augustin, de Ordine, lib. 1, c. 9, n. 27).

Ensuite quelques généralités philosophiques, sur l'ordre conçu comme *principe discriminant* de la moralité.

Premièrement : GÉNÉRALITÉS THÉOLOGIQUES FONDAMENTALES.

Proposition synthétique sommaire. — *Il existe un ordre de fins et de moyens voulu de Dieu : en nous y conformant librement, nous parvenons à notre fin dernière.*

Développement par propositions successives :

Il existe un ordre moral, œuvre de Dieu, créateur et législateur de la nature : la raison humaine, instruite par le spectacle des créatures, peut connaître cet *ordre moral naturel*.

Contenant et dépassant cet ordre naturel, existe un autre ordre, établi par Dieu dès l'origine des choses, restauré dans le Christ et par le Christ : connu par la révélation, il reçoit des Théologiens le nom d'ordre surnaturel.

Dans l'ordre de salut, ou ordre de religion surnaturelle, se retrouve l'ordre de religion naturelle, mais complété et élevé à une fin plus haute.

Cf. Muller, op. cit., tract. II, de ordine morali, p. 69, 84, où l'on trouvera d'une part la spéculation systématique et scolastique, d'autre part, une abondante théologie positive, L'ouvrage de Muller semble dépendre beaucoup de Schrader : De triplici ordine naturali, præternaturali et supernaturali commentarius, Vienne, 1864, qui reste, pour ce point de vue théologique, un important témoin des progrès récents et une bonne exposition de doctrine. — Courte mais solide proposition de Wilmers, De Religione revelata 1897 : Religio supernaturalis naturalem religionem includit, complet, evehit. — Voir encore : Scheeben, Natur und Gnade, Versuch einer systematischen, wissensschaftlichen Darstellung der natürlichen und übernaturlichen lebens. ordnung in Menschen, Mayence, 1861 ; — Cros, Etudes sur l'ordre naturel et l'ordre surnaturel, 1861 ; — Jeanjacquot, L'ordre surnaturel et l'Eglise société de l'ordre surnaturel, 1886 ; Bainvel, Nature et surnaturel, 4ᵉ édit., 1910.

Secondement : GÉNÉRALITÉS PHILOSOPHIQUES : DE L'ORDRE COMME PRINCIPE DISCRIMINANT DE LA MORALITÉ (formules modernes).

Proposition synthétique sommaire. — *Le principe discriminant de la moralité est l'ordre objectif des choses, en valeur tout à la fois relative et absolue.*

Explication : Depuis Suarez et Vasquez, jusqu'aux auteurs modernes (manuels de Zigliara, Schiffini, Cathrein, Meyer, etc...) il existe une grand variété de formules, déconcertante au premier abord.

Nous avons déjà exposé la théorie et les formules de Meyer. (Voir plus haut, p. 8, surtout Remarques I, II, III.) Elles sont *les plus objectives*, et semblent, au premier abord, ne pas suffisamment mettre en ligne de compte *le sujet, la nature raisonnable*. Elle est mentionnée plus explicitement par Cathrein, Thèse 14 : (Norma proxima bonitatis et malitiæ moralis pro homine est ejusdem natura rationalis qua talis ; norma vero ultima et universalis est ipsa essentia divina) — et par Schiffini, Thèse 11 (Actus humani sunt boni vel mali moraliter pro eo quantum concordant cum natura rationali complete spectata).

Cathrein (Philos. mor. in usum scholarum, n. 87) explique comme il suit sa formule :

« Non quærimus normam mere materialem, quæ solum indicet, quid sit honestum, sed normam formalem, quæ nobis etiam rationem intrinsecam honestatis vel inhonestatis manifestet. Norma materialis esset, v. g., voluntas Dei præcipiens vel prohibens.

Ad propositam ergo quæstionem respondemus illam normam esse naturam rationalem qua talem, seu ut rationalis est. Spectanda est autem hæc natura *complete*, i. e.

a) secundum *omnes partes*, tum rationalem, tum sensitivam, tum vegetativam, dummodo hæ posteriores considerentur ut partes naturæ humanæ rationalis, et ut indigent ratione regulari, vel sunt rationales per participationem.

b) secundum omnes relationes quæ inter hominem et alia entia intercedunt; » (ordo exterior; ordo interior).

c) « natura ipsa dupliciter spectari potest : *in abstracto* seu secundum suam speciem, et *in concreto*, i. e. simul cum omnibus notis individuantibus, quæ eam in concreto comitantur. Utroque modo natura est norma. Si priori modo spectatur, ex ea deduci possunt regulæ immutabiles, quæ pro omnibus hominibus eodem modo valent. Posteriori modo, inservit ad applicandas regulas illas universales ad casus particulares.... Quid in concreto temperantiæ lex postulet, dijudicandum est ex ipsa natura, prout in concreto hic et nunc est. Non solum enim pro diversis hominibus, sed etiam pro eodem individuo diversis temporibus et circumstantiis lex temperantiæ diversa in concreto præscribit (cf. S. Thom. de virtutibus in communi, a. 6) ».

Voir d'ailleurs les explications de Schiffini, op., cit., p. 93, n. 57.

A la réflexion, il est facile de saisir l'identité foncière de ces diverses formules, puisque : d'une part, l'*ordre* (formule de Meyer) n'est pas un objet totalement étranger à la nature raisonnable ; il est l'*ordre des fins* — ou, ce qui revient au même, l'ordre des inclinations ; il est l'ordre des fins opérables, (*ordo operabilium*). — D'autre part, la nature raisonnable, telle que l'expliquent Cathrein et Schiffini, est la nature normale complète (adæquate spectata) avec toutes les relations naturelles et essentielles qui la coordonnent (ou la subordonnent) aux différents êtres, relations qui par conséquent la situent normalement dans l'ordre. — Donc, rien de commun avec le subjectivisme kantien.

Sur cette comparaison critique des formules, cf. encore Cathrein, p. 75, n. 91. — Voyez aussi dans Noldin, de Princip. Theol. mor., n. 55 : Norma moralitatis, un résumé clair et concis de toute la question.

En traitant de la loi naturelle, nécessaire en fin de compte, pour la pleine solution de ces controverses, nous remarquerons cette lumineuse formule de saint Thomas : « Secundum igitur ordinem inclinationum naturalium est ordo præceptorum legis naturalis » 1-2, q. 94, a. 2. Cette formule établit un *ordre de fins* fondamentales et absolues, chacune dans sa série, *relatives aux inclinations* fondamentales et invariables de la nature humaine.

Cette formule reste, après tout, la plus claire, la plus sobre et la plus synthétique.

Ceci posé, revenons à l'étude de la Somme théologique.

Les fins providentielles. — Rappelons qu'il ne s'agit pas simplement de conformité à un ordre rationnel, en tant qu'il serait intelligible à la raison humaine, mais de conformité à un ordre de fins providentielles, ordre universel du monde, partiellement connu, partiellement ignoré de notre raison.

1° La bonté essentielle de la volonté humaine consiste : dans la conformité à la volonté divine (sinon quant à la multiplicité des fins partielles, qui sont le plus souvent inconnues à la nature humaine, finie dans son être, bornée dans son essence), du moins, conformité quant à un

vouloir général, ayant pour son objet l'ordre universel des
fins providentielles : « Bonum totius universi id est quod
est apprehensum a Deo qui est universorum factor et
gubernator, unde quidquid vult, vult sub ratione boni
communis, quod est sua bonitas, quæ est bonum totius
universi » (q. 19, a. 10).

2° La condition nécessaire et suffisante sera donc : que
la volonté humaine veuille le bien de l'ordre universel
objet de la volonté divine ; et qu'elle rapporte (d'intention
actuelle ou habituelle) à cet ordre, tout bien particulier.

DÉVELOPPEMENTS

Pour comprendre ceci, se rappeler :

1° que, l'intelligence humaine ne connaissant l'ordre que par
fragments, par des « raisons » plus ou moins générales, la
volonté peut vouloir l'ordre de façon plus ou moins générale,
« secundum quod ratio boni apprehensi fuerit communior,
secundum hoc et voluntas fertur in bonum communius. »
(Voyez l'exemple du juge et de la femme du condamné). L'intelligence et la volonté humaines peuvent donc se porter jusqu'à connaître et vouloir l'ordre tout entier, objet de la volonté
divine, (le connaissant et le voulant d'une façon globale *in
communi*, bien que les détails demeurent indiscernés).

2° Pour être complètement droite, la volonté humaine doit
rapporter à l'ordre, divinement voulu, tout bien particulier.
Non est recta voluntas alicujus hominis volentis aliquod
bonum particulare, nisi referat illud in bonum commune
sicut in finem ; cum etiam naturalis appetitus cujuslibet partis
ordinetur in bonum commune totius, ibid. Cf. q. 22, de Veritate, art. 2, vers la fin : appetitus creaturæ rationalis non est
rectus nisi per appetitum explicitum ipsius Dei, actu vel
habitu.

En d'autres termes : impossibilité pour notre nature finie et
bornée de connaître dans son ensemble et dans ses détails le
plan divin. — Possibilité cependant d'une conformité propor-

tionnelle à notre nature ; c'est-à-dire, possibilité d'un vouloir général et habituel d'une part, — possibilité, d'autre part, de vouloir les relations de dépendance qui rattachent, dans l'ordre providentiel, les fins particulières aux fins générales (cela est précisément conforme à la nature discursive de notre intelligence, entraînant la dépendance et la relativité de nos vouloirs).

Remarque I. — **Parallélisme du bien et du vrai,** — et des objets formels dans les deux ordres (raison d'être intelligible et cause finale).

Connaître l'ordre intelligible, c'est connaître et ses éléments constitutifs et ses « liaisons » rationnelles ; pareillement, vouloir l'ordre des biens, c'est vouloir non seulement les biens particuliers, mais les relations de dépendance et de causalité finales. — Cf. q. 22, de Verit., a. 2.

Aussi, de même que la science parfaite connaît, avec les effets particuliers et directement sensibles, les causes universelles et les relations d'intelligibilité — de même le « vouloir droit » a pour objet : matériellement les biens particuliers, et formellement l'ordre providentiel, *y comprises les relations de dépendance.*

Car :

La *relation de dépendance* — entre des biens (causant et causé) — est une bonté, la « *raison* » de la bonté causée : *ordo ad finem consideratur ut ratio quædam bonitatis ipsius voliti,* puta cum aliquis vult jejunare propter Deum, q. 13, a. 7.

Remarque II. — **Importance des relations de dépendance.**

C'est donc, en philosophie ou théologie morale, une méthode usuelle et féconde d'examiner, entre les différents objets ou fins de nos actes, les divers liens de dépendance, c'est-à-dire de subordination ou coordination, essentiels et naturels.

Subordination essentielle *de l'objet*, (finis operis, de l'acte extérieur) *à la fin* (où tend l'acte intérieur), lorsqu'il y a entre les deux un rapport essentiel, non simplement accidentel : dans ce cas, il y a entre la fin supérieure et la fin subordonnée le rapport du genre à l'espèce : « Si objectum per se ordinetur ad finem, una dictarum differentiarum est per se determinativa alterius ; unde una istarum specierum continebitur sub altera. » q. 18, a. 7.

Subordination essentielle *d'une fin à une fin ;* on peut étendre à toutes les subordinations essentielles et naturelles (*per se*) ce que saint Thomas, loc. cit., dit de la subordination de l'objet à la fin. Pour juger du sens de la dépendance, (considerandum restat quæ sub qua), il donne trois critériums généraux : Détermination de plus en plus grande des différences spécifiques — universalité croissante ou décroissante des agents — priorité ou postériorité des fins, dans l'ordre d'intention. Cf. Zigliara, Schiffini, et les autres manuels traitant avec un peu de soin la question de la spécification.

N.-B. — On voit que le problème de la subordination essentielle (*per se*) des fins correspond au problème de la *classification logique* (c'est-à-dire subalternative des espèces). Les fins subordonnées qui particularisent l'action s'ajoutent comme des *différences logiques.* Cette remarque est très importante :

1° pour faciliter et compléter l'étude de la spécification des actes moraux, q. 18, a. 6 et 7, et par là même préparer la question laborieuse de l'indifférence des actes, a. 8 et 9. — 2° pour préparer de loin la question de *l'immutabilité de la loi naturelle* : la terminologie des scolastiques suppose toujours que les préceptes généraux de la loi naturelle se particularisent et se déterminent par des *différences logiques*, qui ne sont autres que des *fins concrètes* ou « utilités » subordonnées. — Voir plus loin : p. 107, 108 et 111.

Coordination ou interdépendance des fins.

Au premier abord, à considérer les choses superficiellement, les fins semblent se ranger en séries linéaires, se rattachant à certaines fins principales, elles-mêmes correspondant aux inclinations fondamentales de la nature humaine. — En réalité, l'ordre naturel providentiel est généralement plus complexe. En voici divers exemples : le corps est subordonné à l'âme ; l'âme est dans une certaine mesure, eu égard à certaines fins, ordonnée au corps. Autre exemple, plus net : il y a solidarité, ou interdépendance de l'intelligence et de la volonté. — La réciprocité ou interdépendance est encore plus adéquate, si nous comparons la mutuelle dépendance de l'individu et de la société. — Mieux encore, s'il s'agit de la solidarité interdépendante entre les diverses fins d'un organisme corporel (virtutum corporearum sympathia), entre les diverses activités d'un organisme spirituel (virtutum spiritualium connexio).

Applications possibles. — Dans le traité des Vertus, cette interdépendance ou solidarité des fins intervient pour des questions importantes (connexion des vertus).

En morale sociologique : on doit tenir compte de l'interdépendance naturelle des fins sociales ; pour appliquer la maxime de la conformité à l'ordre, on est amené à considérer les relations de solidarité interdépendante.

Bibliographie. — Les auteurs récents négligent généralement l'étude de cet article, du moins au point de vue spécial qui le rattache à la notion de moralité et à la règle des actes moraux. Ou bien ils le font venir ailleurs, dans une étude spéciale et séparée des diverses sortes d'intention (virtuelle, habituelle...) — Le point de vue de S. Thomas a pourtant l'avantage d'une grande ampleur, en synthétisant l'étude de la moralité de l'acte, d'une part, et d'autre part le point de vue de l'intention virtuelle. Il faut donc se reporter à ceux des anciens qui ont suivi de plus près la pensée de S. Thomas, par exemple Cajétan, in hunc locum ; Valentia, q. 14, punct. 8. Ce dernier cite

Cajétan : « ad conformitatem quam hic requirit D. Thomas, non esse necesse ut actio referatur in Deum distincte aliquando cognitum per fidem aut per lumen naturæ, sed sufficere ut in ipsum referatur *confuse cognitum*, sub ratione summi boni, aut boni in communi, » p. 349.

On trouvera une bonne *étude de vulgarisation* dans Gardair, Les vertus naturelles, p. 111-119.

Corollaires ascétiques.
A. *L'indifférence fondamentale, et les règles d'élection.*
D'après tout ce qui précède :
Dieu a décrété, établi un ordre de choses au sein duquel il a placé la nature humaine, l'ayant faite capable de connaître, d'observer librement cet ordre, conformant ainsi son vouloir au vouloir divin, — l'ayant faite capable ainsi de parvenir à sa fin.

C'est la pensée déjà formulée d'après saint Augustin : Ordo est, quem si tenuerimus, nos perducet ad Deum.
C'est encore la doctrine de saint Ignace, au début des *Exercices spirituels* : Homo creatus est, ut laudet Deum Dominum nostrum, ei reverentiam exhibeat, eique serviat, et per hæc salvet animam suam : et reliqua super faciem terræ creata sunt propter hominem, et ut eum juvent in prosecutione finis, ob quem creatus est. *(Méditation fondamentale)*

Donc :
1° L'usage, *le choix de ces moyens* doivent être proportionnés, adaptés à l'acquisition de la fin ; ils doivent être voulus, utilisés dans la mesure où ils sont *des moyens, des adjuvants,* — dans la mesure où ils sont *ordonnés.*

Unde sequitur, homini tantum utendum illis esse, quantum ipsum juvent ad finem suum, etc.... *ibid.*
Voyez aussi tout particulièrement, dans les *Exercices spirituels*, le texte des *Règles d'élection.*

2° *Nécessité de l'indifférence* envers les créatures :

Quapropter necesso est facere nos indifferentes erga res creatas omnes, quantum permissum est libertati nostri liberi arbitrii..... unice desiderando et eligendo ea, quæ magis nobis conducant ad finem, ob quem creati sumus, *ibid.*

B. *L'abandon à la divine Providence.*

La Providence ayant placé sur la route de chacun de nous certains moyens spéciaux, — nous ayant ainsi engagés dans certains *ordres particuliers, individuels*, — l'homme d'ailleurs n'ayant point la claire et complète connaissance de ces ordres fragmentaires, du moins *de leur interdépendance et de leur rapport avec l'ensemble* (voir plus haut, p.30), il importe à l'homme de se laisser faire, de *s'abandonner*.

« Si l'homme veut arriver à reproduire ici-bas l'idée divine, il doit donc renoncer à ses vues propres qui n'ont pas l'intuition de cette idée et se conduire entièrement d'après la volonté et la direction divines. Ainsi, chaque jour vient ajouter à son âme cet appoint intellectuel, moral et surnaturel qui la développe, la complète, et finira par la consommer en Dieu et dans la réalisation de l'idée éternelle et du programme divin. Et alors ce sera pour cette âme le bien suprême ». Mgr Chollet, De la notion d'ordre, p. 186.

Voir aussi p. 187, ibid., une citation du P. de Caussade, *L'abandon à la Providence divine*, 1ʳᵉ P, l. 1, c. 2 : « Ne voit-on pas que l'unique secret de recevoir le caractère de cette idée éternelle est d'être un sujet simple entre ses mains et que les efforts ni les spéculations de l'esprit ne peuvent rien faire pour cela ? N'est-il point manifeste que cet ouvrage ne se fait point par voie d'adresse, d'intelligence, de subtilité d'esprit : mais *par voie passive d'abandon* à recevoir, à se prêter, comme le métal dans un moule, comme une toile sous le pinceau, ou une pierre sous la main du sculpteur ? »

III

L'acte extérieur. — Synthèse des deux moralités.

1° Remarque préliminaire : continuité vitale et intention virtuelle.

Il y a danger de sacrifier l'unité de l'acte humain, quand on exagère les conséquences : soit de la distinction entre l'acte intérieur et l'acte extérieur, — soit de la distinction corrélative entre *la fin* (finis operis, objet de l'acte intérieur), et *l'objet extérieur* (acte matériel, avec sa fin et ses circonstances).

Donc, nécessité d'insister sur la continuité de l'acte humain.

Cf. Roure, Doctrines et problèmes, ch. 6 : Léon Ollé-Laprune ; surtout, p. 188 et sq. : l'originalité de sa doctrine est de s'attacher à la loi de continuité ou de relation entre les êtres. En cela il s'inspire des Grecs, rapproche la morale de l'esthétique....

Pour être bien comprise, cette continuité doit sauvegarder :

L'unité subjective : bien que physiquement distinctes, *in esse naturæ*, les facultés ne doivent pas être isolées, alors qu'elles forment un tout moral, *unum esse moris.*

L'unité objective : au regard de l'intention, qui est l'œil de l'âme, (d'après saint Augustin, interprété dans q. 12, a. 1), se présente, dans son indivisible et complète unité, l'objet, *finis proximus*, avec toutes les circonstances *essentielles* de l'exécution. Ces circonstances, en quelque sorte incorporées à l'objet, ne font plus qu'un avec lui dans le champ de vision intérieure. (Voir plus haut, q. 18, en particulier a. 10 et 11.)

Cette continuité vivante existe même entre les *actes*

successifs, par le fait qu'ils sont, dans l'ordre d'exécution, comme dans l'ordre d'intention, causant et causé. Le rapport à l'acte précédent « *causaliter prœcedentem* » constitue précisément, pour une part, la bonté de l'acte causé (voir plus haut, q. 19, a. 7 : Tunc ordo ad finem consideratur ut ratio quædam bonitatis ipsius voliti).

Par ce lien réel de dépendance s'établit la continuité de l'intention virtuelle.

2° Doctrine de saint Thomas, sur les rapports de l'acte intérieur et de l'acte extérieur. (q. 20, a. 1 et sq.)

a) La moralité est avant tout (*per prius*) dans l'acte intérieur de volonté. C'est la volonté qui pèche ; « Voluntas est, qua peccatur et recte vivitur » (S. Augustin, lib. I, Retract., p. 9).

En effet (a. 1) : la moralité de l'acte intérieur peut être envisagée à un double point de vue :

au point de vue *rationnel* (spécification logique, d'après l'ordre rationnel des fins) ; à ce point de vue, celui de *l'appréhension rationnelle*, la volonté est « informée » par la raison, la moralité découle en quelque sorte (« derivatur ») de la raison sur l'acte volontaire (mouvement centripète) :

au point de vue *centrifuge*, celui de l'*exécution*, la volonté est le principe de la moralité.

Et ce point de vue est le point de vue complet, définitif, *où s'achève et se résume toute la moralité humaine.*

b) La moralité de l'acte extérieur requiert un double élément, du côté de l'intention, comme du côté de la raison, — suivant l'adage : bonum ex integra causa, malum ex quocumque defectu (a. 2).

Noter les textes de saint Augustin (allégués par saint Thomas, ibid.). — Bien qu'il ait dit : Nonnisi voluntate peccatur (lib. I, Retract., c. 9), il dit plus clairement ailleurs (Contra mendacium, c. 7) qu'il y a certains actes,

que ne peut accompagner et justifier aucune bonne intention : « Quædam sunt quæ nullo quasi bono fine, aut bona
voluntate possunt fieri. »

c) *Conclusion* (a. 3).

Il y a, finalement, compénétration et combinaison des
deux moralités.

Pourtant observer que : si, d'une part, — au *point de
vue de la fin* — il y a identité parfaite de ces deux moralités, — d'autre part, — au *point de vue des circonstances*, il
y a distinction, mais aussi une sorte de « chassé-croisé »,
par réciproque influence, comme on l'a dit plus haut.

Remarque importante. — Voir saint Thom., q. 18, a. 3,
init. : « Sicut supra dictum est, q. 17, a. 4, et q. 18, a. 6,
ad 3^m, actus interior voluntatis et actus exterior prout con-
siderantur in genere moris, sunt unus actus ». — Cf. ibid.,
ad 1^m.

En fin de compte, *le fondement de toute cette synthèse* est
dans l'unité morale, « unum esse moris », de l'acte intérieur et de l'extérieur, — unité dont le principe a été développé ailleurs, q. 17, a. 4 : « Sicut in genere rerum naturalium aliquod totum componitur ex materia et forma ut
unus homo... qui est *unum ens naturale*..., ita etiam in
actibus humanis, actus inferioris potentiæ materialiter se
habet ad actum superioris, in quantum inferior potentia
agit in virtute superioris moventis ipsum. Sic enim et actus
moventis primi formaliter se habet ad actum instrumenti.

Unde patet quod imperium et actus imperatus sunt
unus actus humanus ».

Voir encore, ibid. ad 1^m ; et ad 3^m ; et q. 18, a. 6, ad 3^m.

I V

Des vertus.

Voir S. Thomas, 1-2, q. 55-61 ; Suarez, Opera, Venise, 1741,
t. 8, de Virtutibus in genere ; Cajétan, Summa Theolog. cum

commentariis, Rome, 1775, t. 4; Valentia, Commentarii Theologici, Ingolstadt, 1592, 1-2 ; Sylvius, Commentarii in Summam; Gotti, Theologia scholastica, Venise, 1750; Collegii
Salmanticensis cursus theologicus, ed. 9, Palmé, 1878, t. 6 ;
Tanner, Theolog. scholast., t. 2, Ingolstadt, 1626; Billuart, Summa S. Thomæ hodiernis academiarum moribus accommodata.

Barré, Tractat. de Virtutibus, Paris, 1886; Satolli, De habitibus et virtutibus, Rome, 1897 ; Billot, De virtutibus infusis,
Rome, 1901 ; Schiffini, Tract. de Virtutibus infusis, Fribourg,
1904; Tanquerey, op. cit.. t. 2, 1908.

Ferretti, Instit. philos. moralis, Rome, 1903 ; Schiffini, Dis-
put. philos. mor. ; Cathrein, Philos. mor. in usum scholarum ;
Meyer, Jus naturale t. 1 ; Gardair, Les vertus naturelles, 1901 ;
Rickaby, Moral philosophy, Londres, 1892.

Remarque préliminaire. — C'est aux actes délibérés que
la moralité doit être principalement attribuée. Ils sont directement et immédiatement conformes à leur règle, et
comme tels susceptibles de *régularité*.

Pourtant une extension analogique nous permet de
transférer le terme et le concept (*moralité*) anx principes
divers (objectifs ou subjectifs) des actes délibérés. De la
sorte, nous reconnaissons une moralité aux habitudes,
(vertus ou vices).

Définition de la vertu. — C'est une disposition active,
bonne, durablement imprimée dans une de nos puissances
raisonnables de manière à l'incliner vers des actes honnêtes, conformes à la règle de la raison droite.

Nous n'analyserons pas cette définition : remarquons
seulement dans la dernière partie cet élément essentiel :
l'honnêteté, la conformité à l'ordre connu par la raison
droite.

La classification des vertus s'appuie sur la triple considération de leur sujet, de leur objet, de leur cause
efficiente.

Au *point de vue du sujet* (faculté humaine, personne humaine) les vertus sont : vertus intellectuelles, qui inclinent et perfectionnent l'intelligence pour la connaissance du vrai — ou vertus morales, qui inclinent et perfectionnent la volonté pour la poursuite du bien.

Les premières, imparfaites (*secundum quid*) résident dans les puissances indépendamment du commandement volontaire. Elles sont le principe générateur d'actes relativement et parfaitement bons, *dans leur genre* — susceptibles d'être pourtant utilisés dans un acte désordonné, pour une fin immorale.

Les secondes résident dans la volonté, et dans les autres puissances, pour autant qu'elles obéissent à la volonté. Vertus proprement dites, elles ne produisent pas seulement des actes relativement et partiellement parfaits, mais des actes absolument moraux, sans restriction : elles sont un principe d'action ordonnée. — Leur objet est donc conforme à l'ordre, non pas à tel ordre partiel, incomplet et subordonné, tel que celui de l'intelligence — mais à l'ordre moral total, celui où la nature humaine « adæquate spectata » — l'âme tout entière, la convergence de toutes ses activités coordonnées ou subordonnées — tend vers la réalisation de la perfection absolue (plenitudo essendi) et l'acquisition de la fin dernière.

Cette différence entre la vertu relative (*secundum quid*) et la vertu absolue — les anciens la faisaient ressortir de l'explication de la formule suivante, dont les éléments sont empruntés à saint Augustin : « Virtus est bona qualitas mentis, qua recte vivitur, qua nemo male utitur, quam Deus in nobis sine nobis operatur. »

Au *point de vue de l'objet* (cause formelle ou finale) : les vertus sont théologiques ou morales.

Celles-ci ont pour objet et pour fin immédiate : « le bien de l'ordre » (*bonum ordinis*), c'est-à-dire l'honnêteté de leur acte ; celles-là ont pour objet et pour fin immédiate une perfection divine. — Une étude détaillée des vertus cardinales ferait mieux ressortir cette différence.

Au point de vue de leur origine (cause efficiente) les vertus sont *infuses*, c'est-à-dire produites immédiatement par Dieu dans les puissances de l'âme — ou bien *acquises*, c'est-à-dire produites naturellement, par répétition des actes.

Classification des vertus morales. — (Objet formel et distinction.)

Bien que chacune de ces vertus ait pour objet « l'honnête », le bien de l'homme tout entier — comme on vient de le dire — pourtant ce bien est immédiatement et directement envisagé et voulu à un point de vue spécial (specialis honestas — specialis ratio boni honesti).

Pour comprendre ce détail important, il faut étudier la distinction établie q. 60, a. 2, entre : d'une part la vertu de justice et ses annexes, ayant pour objet la rectitude des opérations extérieures (circa operationes), les rapports sociaux (*ad alterum*) — et d'autre part, les deux vertus qui ont pour objet le gouvernement des passions : la tempérance, la force, et leurs annexes.

Lire attentivement ce passage. Saint Thomas commence par s'appuyer sur un point de doctrine jadis enseigné par saint Augustin contre les Stoïciens : les passions ne sont pas choses indifférentes à la moralité. Deux vertus, la tempérance et la force, servent à les maintenir dans l'ordre, à rendre leurs mouvements convenables et méritoires.

La tempérance et la force ont donc pour objet l'*ordre intérieur* qui consiste dans la subordination des passions à la volonté ; la justice aura pour objet l'*ordre extérieur*, celui que notre volonté établit dans nos actions, indépen-

damment de toute disposition affective : « Bonum et
malum in quibusdam operationibus attenditur secundum
seipsas, qualitercumque homo afficiatur ad eas, in quantum scilicet bonum in eis et malum accipitur secundum
rationem commensurationis ad alterum... In quibusdam
bonum et malum attenditur solum secundum commensu-
rationem ad operantem : et ideo oportet in his bonum et
malum considerari secundum quod homo bene vel male
afficitur circa hujusmodi.» loc. cit.

Vertus cardinales. — Le nombre et la classification des
vertus *cardinales* (vertus formelles sur lesquelles repose
tout le fonctionnement de notre vie morale) dépendent de
la considération de l'honnête, dans l'ordre des fins providentielles. La prudence connaît cet ordre ; la justice l'ob-
serve dans les opérations extérieures, donnant à chacun ce
qui lui est dû (debitum) ; la tempérance le maintient dans
les passions qu'elle rend soumises, tandis que la force les
rend actives et fécondes, les utilisant et les disciplinant au
service de la raison et du devoir. — Cf. 1-2, q. 61, a. 4 ; et
Noldin, op. cit., t. 1, lib. 5.

Aussi la prudence réside dans l'intelligence, la justice
dans la volonté, la force dans l'appétit irascible, la tempérance dans le concupiscible.

Quelques mots sur la première de ces vertus, qui joue
un très grand rôle dans notre connaissance morale ordinaire, et même dans l'acquisition réflexe et scientifique de
la connaissance morale.

La prudence est une vertu qui, en présence de l'action
particulière concrète — eu égard à toutes les circonstances — dicte la conduite à tenir pour que l'acte soit conforme à l'ordre.

N-B. — Pour l'exacte observation de cet ordre (in indivi-
dui casus circumstantiis), les règles générales et abstraites

fournies par les premiers principes de la syndérèse sont insuffisantes.

Cf. Ollé-Laprune, De la certitude morale, 2ᵉ éd., p. 74-75,

Objet matériel (id quod objicitur materialiter) : l'acte humain concret.

Objet formel (id propter quod — ratio propter quam — vel, sub qua — honestas peculiaris) : la moralité particulière de l'acte individuel ; l'honnêteté de l'ordre réalisé dans les cas singuliers.

Remarque importante. — *L'exercice de la prudence suppose un jugement droit, relativement aux fins principales de l'activité humaine.*

En attendant des notions plus développées, voici quelques indications pour faire entendre ce que sont ces « fins principales » :

1° Elles nous sont données dans les jugements (dictamina) de la syndérèse (sens moral, habitude des premiers principes moraux) ; 2° vers ces fins se porte spontanément l'inclination humaine (conservation de l'individu ; bien de l'espèce ; connaissance religieuse ; vie sociale, etc.) ; 3° par suite, — plus générales dans leur compréhension — elles renferment un grand nombre de moyens et de circonstances particulières.

4° Elles peuvent constituer, *relativement à chaque action, des circonstances accessoires, des éléments partiels de moralité* (prudentia versatur circa ea quæ sunt ad finem). — Or, d'une part, ces fins principales doivent toujours être respectées (leur violation serait *contra naturam*) ; d'autre part, les jugements relatifs à ces fins principales se posent devant la conscience comme des prémisses, comme *des majeures d'où il faut partir pour trouver le moyen exact, le « medium virtutis »* ; ce sont donc des principes premiers qu'il faut appliquer, eu égard aux circonstances, dans la mesure qui permettra d'arriver au « *moyen* », — à la résolution juste du cas, à l'application pratique et concrète des règles de vertu abstraites.

Ceci posé :

Évidemment, pour le droit exercice de la prudence, pour la claire vue du devoir présent, la *bonne volonté* doit être supposée *sur toute la ligne*, dans toutes *les directions possibles*, et — pour cela même, — est requis le *jugement droit*, relativement à toutes les espèces de *fins* (fins principales d'abord, secondaires par voie de conséquence) qui peuvent surgir et dévoyer l'appétit.

Sans cette bonne volonté et ce jugement droit (*sanus intellectus circa fines operabilium*) — il suffira, — pour fausser le jugement final et la décision suprême, — d'une disposition *habituelle* vicieuse, quand même elle ne porterait que sur un point particulier, sur un objet unique.

L'étude des *parties* de la prudences, et des *vices* qui lui sont opposés, fera ressortir davantage les multiples et complexes conditions de son exercice. — Remarquer surtout — 2-2, q. 48 ; et q, 49 — les parties *intégrantes* (celles qui concourent à son exercice intégral) : *intuition* des circonstances concrètes, (q. 49, a. 2) ; *mémoire* du passé (ib., a. 1) ; *docilité, raison*, a. 3 et a. 5, pour considérer la valeur relative des moyens et des fins, et pour déduire en conséquence la nécessité de tel moyen, etc....

Pour une étude plus approfondie, voir plus loin, à la fin de la quatrième étude.

DEUXIÈME ÉTUDE

DU BIEN ET DE LA FIN

Du bien absolu et du bien relatif.

Définition et révision de principes.

Avant d'aborder la plupart des questions qui touchent
à la loi naturelle et au principe de son obligation, on doit
prendre garde à ce point très délicat : Quelle est la limite,
la ligne de démarcation entre ce qui est simplement convenable, licite, et ce qui est commandé ? entre la sphère
du bien et celle de l'obligatoire ?

Le rapport entre ces deux termes a été méconnu, inter-
verti, par Kant et son école. Kant a mis la loi et l'obligation au sommet de tout le monde moral : il a expliqué la
bonté par l'obligation. « Suivant lui, il ne faut pas dire :
une chose est bonne; donc elle peut être obligatoire,
— mais : une chose est obligatoire, donc elle est bonne.
Le devoir devient ainsi la raison de toute bonté morale :
on peut même dire qu'il comprend toute la moralité. »
Roure, Doctrines et problèmes, p. 223.

Au contraire la doctrine catholique traditionnelle reconnaît l'antériorité du bien, l'existence d'une moralité objective, qui consiste précisément en la conformité à l'ordre, en
la convenance des actes avec la nature — qu'il s'agisse

d'actes obligatoires ou non — d'actes simplement permis ou conseillés.

Cf. Roure, Anarchie morale et crise sociale, ch. 5, Morale de l'ordre : Conformité à l'ordre général.... Cette conformité est obligatoire parce que l'ordre est la propriété du suprême ordonnateur... Tout bien n'est pas obligatoire, etc.. ; Rocafort, La morale de l'ordre, 2ᵉ partie, chap. 1, Le bien ou la conformité à l'ordre ; et chap. 5, La morale de l'ordre, tradition du genre humain.

I

De la convenance du bien et de son efficacité motrice.

1° **La plénitude d'être.** — **Le bien considéré comme perfection et comme « terme ».**

Il faut donc étudier avec grand soin le *bien*, ce par quoi les choses sont bonnes, ce par quoi elles ont *une convenance, une aptitude à enrichir et perfectionner notre nature* ; il s'agit, en effet, du bien considéré comme *terme* de l'activité humaine, du bien considéré comme fin : bonum habet rationem *finis*.

Sur la coïncidence des expressions et des idées, dans τέλος, perfectio, finis, — Cf. Schiffini, Phil. mor.. t. I, n. 8 ; et de Régnon, Métaphysique des causes l. 7, c. 4.

Sur le rôle de la fin considérée à ce point de vue, sur la manière dont elle « *termine* » la faculté agissante, sur le mécanisme par où elle « *détermine* » les tendances humaines, primitivement générales et indéterminées, voyez Frins, De actibus humanis, l. c., p. 23, qui se résume ainsi : Dat nobis finis proximam potestatem et determinationem ex parte objecti, ut hunc specie actum et possimus elicere, et, si volumus, revera eliciamus. — Cf. S. Th., 1-2, q. 9, a. 1. — Voir encore ibid., q. 1, a. 3, ad 1ᵘᵐ, et 2ᵘᵐ ; et a. 2 in corp ; Joannes a S. Th., disp. 1, a. 3, n. 7, sqq.

Dans une exposition plus succincte, mais aussi plus méthodique et admirablement agencée en vue d'un travail de récapitulation, Meyer, Jus naturale, n. 8, sqq. — fait voir : 1° Ce que sont *les notions de nature et de fin* (il s'agit de la nature pure en un sens transcendant, sens qui prescinde de tout ordre déterminé, naturel ou surnaturel, intègre ou déchu); leur corrélativité, et comment on peut se former une première idée de *l'ordre naturel* toujours entendu au *sens transcendant* ; — 2° *l'identité du bien et de la fin* ; cf. S. Th., 2 D. 38, q. 3; Summa Theol., I, q. 5, a. 4; C. Gent. 1, cap. 16, sqq ; de Veritate, q. 21, art. 1 ; — 3° *la notion du moyen ou bien utile*, le bien convenable : cf. Somme Theol., I, q. 5, surtout a. 5, et Schiffini, Principia philos., n. 661, sqq; Ethica generalis, n. 6.

2° L'efficacité motrice de la fin.

Bien comprises, les considérations qui précèdent font voir de quelle nature est le bien qui sollicite l'activité humaine : c'est le bien *connu humainement*, connu par la raison humaine, bonum ratione præsentatum, bonum rationis, bonum rationaliter apprehensum, bonum sub aliqua ratione formali.

Frins, De act. hum., p. 21, Coroll. 2. avec références à S. Thomas, I P., q. 1, a. 2, in corp. et ad 3um ; a. 6, in corp. Voir aussi Meyer, Jus natur., n. 43, Th. 3 : ratio boni eatenus formaliter proprium voluntatis objectum censeri potest, quatenus rationali apprehensione ei proponitur, avec le Corollaire et le Scholion suivants.

Ce bien, cet objet présenté à la volonté, la met en mouvement, la sollicitant, l'attirant *per modum finis, per modum attractionis finalis*. Cf. Frins, op. cit., p. 18 sq : de motione finis causæque finalis. — Textes à l'appui dans S. Thomas, q. 22, de Veritate, a. 2 ; et q. 5, de Potentia, a. 1.

Il s'agit d'une motion réelle, quoique parfois on la qualifie de *métaphorique*. Cf. Suarez, Métaphys., disp. 23, sect. 9, n. 6; et sect. 5, n. 14.

Comment varie cette efficacité motrice objective ?

Suivant la nature des biens : ils sont plus ou moins élevés dans la hiérarchie des essences, plus ou moins *pleins* de la plénitude d'être.

Suivant le mode de leur présentation : simple appréhension ou jugement explicite.

Cf. Frins, op. cit., n. 3o : Finis ut voluntatem efficaciter movere possit, cognoscatur ut bonum oportet cognitione perfecta veroque judicio ; —connaissance plus ou moins abstraite, plus ou moins concrète : Frins, l. c., p. 27; — connaissance qui les fait voir plus ou moins éloignés de toute réalisation possible, plus ou moins proches dans l'ordre d'exécution : Frins, l. c., p. 28.

II

De la notion du bien honnête.

Consulter spécialement :
Schiffni, Ethica generalis, t. 1, n. 62, distinction du *bien honnête* et du *bien moral ;* — Meyer, Jus natur., t. 1, n. 28' sqq ; — Cathrein, Philos. in usum schol., n. 81, 88, et Moralphilosophie, t. 1, l. 3, c. 2 ; — de Pascal, Phil. mor., cp. 1.

Première définition : le bien honnête est celui qui convient à la nature totale — natura adæquate spectata. — Il est conçu comme bien plénier, satisfaction harmonieuse de toutes les tendances, enrichissement proportionné de toutes les facultés.

DÉVELOPPEMENTS ET INDICATIONS BIBLIOGRAPHIQUES

Voir Schiffni, Ethica generalis, n° 57, sqq : Th. II : Actus humani sunt boni vel mali moraliter pro eo quantum concordant cum natura rationali complete spectata vel ab ea discordant…; — Cathrein, Philos. in usum scholarum, Th. 14; — Meyer,

Jus naturale, t. 1, n. 47 — en comparant ce qui a été dit plus
haut, p. 22, sqq : la conformité aux fins providentielles.

Ainsi la nature humaine est *un tout harmonique, un ensemble
de facultés, de tendances, de virtualités solidaires et interdé-
pendantes*, susceptibles d'être ramenées à une harmonie générale,
à un ordre normal ; — cela est une vérité capitale, que d'ailleurs les moralistes et économistes contemporains ont souvent
mise en évidence. Ils s'accordent plus ou moins à dire de la
nature humaine ce que Bastiat disait de la société : « La société
tout entière n'est qu'un ensemble de solidarités qui se croisent. »

Voir à ce point de vue : Marion, la Solidarité morale, passim ;
Guyau, Education et Hérédité. p. 54, sqq, pages reproduites
dans : Esquisse d'une morale sans obligation ni sanction, p. 100
et sqq. note.

Les économistes insistent sur ce fait que nos besoins sont
complémentaires. Voyez Gide, Principes d'économie politique,
p. 44, 4° : Les besoins sont complémentaires, c'est-à-dire qu'ils
marchent généralement de compagnie et ne peuvent que malaisé-
ment se satisfaire isolément... Et un peu plus loin en note :
M. Tarde dit, avec ce bonheur d'expression qui lui est fami-
lier : « Le bien-être poursuivi par l'activité économique consiste en un chœur et non un solo de besoins harmonieusement
satisfaits », Psychologie économique, t. I, p. 95. Cette loi des
besoins complémentaires avait été signalée et analysée par
Fourrier. Il l'appelait la composite, et en faisait une passion
spéciale « la plus belle des douze passions, celle qui rehausse
le prix de toutes les autres... Elle ne naît que de l'assemblage
des plaisirs, des sens et de l'âme. »

Seconde définition : On peut encore, avec S. Thomas, 1-2, q. 94, a. 2, appeler bien honnête, bien humain,
bien convenable à la nature humaine : celui qui satisfait
directement et explicitement une des inclinations fondamentales de la nature humaine, — indirectement, implicitement, par voie d'association et de subordination, la
nature humaine tout entière.

Explication : 1° — Il y a certains biens que la raison naturellement, spontanément, sans déduction ni discours d'aucune sorte, reconnaît comme *biens convenables à la nature humaine :* quæ ratio naturaliter apprehendit tanquam bonum conveniens humanæ naturæ. (loc. cit.)

2° — Tout bien humain, ainsi reconnu, répond directement à un besoin, à une inclination de la nature humaine. S. Thomas ramène ces inclinations à trois types fondamentaux : inclination à la conservation individuelle ; inclination à la conservation de l'espèce ; inclination à vivre selon la raison, c'est-à-dire à connaître Dieu et à vivre en société.

3° — Tout bien qui répond directement à un besoin partiel, à une inclination fondamentale, peut en même temps être convenablement voulu, convenablement ordonné, — c'est-à-dire, coordonné ou subordonné aux autres inclinations partielles et fondamentales.

De la sorte tout bien qui répond directement à un besoin partiel et fondamental, par exemple à l'une des tendances inférieures : bien du corps, bien de la vie animale, même simplement végétative, peut en même temps, indirectement, implicitement, par voie d'association et de subordination, satisfaire la nature humaine tout entière.

Conclusion. — De la sorte l'enrichissement de la nature inférieure, la satisfaction d'une tendance hiérarchiquement subordonnée, n'est pas nécessairement et en toute hypothèse, destructrice de l'ordre, subversive de la hiérarchie : elle peut se concilier avec le bien honnête ; elle peut devenir le bien honnête lui-même,

Il suffit pour cela que l'agent humain, s'accordant la satisfaction du plaisir sensible, d'un intérêt matériel quelconque, fasse provisoirement abstraction des biens supérieurs, de l'équilibre total. Mais pourvu que celui-ci n'ait pas formellement exclus la subordination habituelle, la relation (ou intention) virtuelle peut persévérer. Les choses étant ainsi, la satisfaction de la tendance inférieure peut être dite : *bien honnête.*

Nous allons voir que — dans une acception encore plus éloignée, encore plus médiate — la notion de bien honnête s'étend, pour employer l'ancienne terminologie, à toute « *fin intermédiaire* », à tout « *bien utile* ».

En d'autres termes : on pourra, sous les conditions déjà indiquées, tenir pour bien honnête le bien inférieur et utilitaire, la satisfaction provisoire et subordonnée d'une des fins humaines partielles, d'une des inclinations secondaires.

Cf. Schiffini, op. cit., Th. 12, surtt. n. 80, et n. 81, Obj. 11ᵉ et sq. ; voir aussi ce que j'ai dit plus haut, 1ʳᵉ étude, relativement à la moralité des actes indifférents ; et surtout pour une pleine solution, ce qui va suivre immédiatement : notion de bien utile, ou bien relatif.

III

La notion de bien utile, ou bien relatif.

Définition. — Le « *bien utile* » est un moyen quelconque naturellement ordonné, naturellement apte à obtenir « la fin », c'est-à-dire la perfection, l'enrichissement de la nature humaine.

DÉVELOPPEMENTS ET CONSÉQUENCES

1° *C'est un moyen quelconque* : tout moyen susceptible d'être utilisé pour procurer une des fins partielles, un des biens essentiels, constitutifs de la nature humaine — susceptible donc de répondre à l'une des inclinations fondamentales. Ce sera donc tout moyen utilisé par et pour un de ces instincts.

Ainsi sont *utilisés, par et pour l'inclination fondamentale de conservation,* des biens extérieurs ou des biens intérieurs de toutes sortes.

Toutes sortes de biens intérieurs : non seulement l'intégrité de la vie spirituelle intellectuelle, mais tout ce qui peut contribuer à la dignité et à l'indépendance *normales* de la personne humaine, toutes formes légitimes de liberté normale, c'est-à-dire raisonnablement ordonnée.

Cf. Cepeda, Droit nat., de la 25ᵉ à la 29ᵉ leçon : devoir de conservation, légitime défense, dignité personnelle, liberté morale et indépendance.

Toutes sortes de biens extérieurs, ceux surtout dont la *possession stable*, et la *propriété individuelle* assurent — d'une part, la subsistance matérielle, la conservation physique de l'individu biologique — d'autre part, l'indépendance et la dignité personnelles de l'être moral.

Ainsi encore sont utilisés par— et pour—notre vie raisonnable l'immense variété de moyens qui concourent aux exercices, aux manifestations indéfiniment variées de notre vie religieuse et sociale. Par exemple, au dedans : toutes nos facultés raisonnables et sensibles; au dehors : les diverses institutions sociales, d'une façon générale, toute forme de propriété, toute autorité, toute fonction ordonnée au bien commun.

Cf. Cepeda, loc. cit, 30ᵉ leçon : des droits acquis, du droit de propriété ; et en général, les auteurs qui traitent suffisamment de la nature et de l'existence du droit de propriété, le rattachant aux principes fondamentaux de la morale, le revendiquant comme *un moyen pour l'obtention de la triple fin fondamentale.* — Voir surtout Vermeersch, Quæst. de justitia, q. 5ᵃ, cap. 2, de jure proprietatis privatæ, surtout n. 199-201.

2° *C'est un bien naturellement agencé, providentiellement ordonné à la fin, à la perfection, à l'enrichissement naturel de l'être humain.*

L'énumération qui précède a dû le faire comprendre suffisamment.

Le « moyen », le « bien utile », est donc caractérisé par ce fait que sa bonté est essentiellement une bonté relative, utilitaire, ordonnée en vue d'une *fin*; mais ce dernier terme — fin — doit être pris au sens technique de la terminologie ancienne : perfection, bien convenable, bien honnête.

Remarque importante : Utilité et honnêteté des biens secondaires, et en apparence indifférents.

Dans le plan providentiel : 1° **toute fin partielle**, tout bien, même ceux qui sont secondaires et en apparence indifférents : biens du corps, bien-être hygiénique, biens de la sensibilité et de l'imagination et aussi enrichissements, développements de l'intelligence et de la volonté, du caractère... toute fin partielle et secondaire est naturellement liée, naturellement ordonnée, naturellement « *référible* » au bien total, à l'enrichissement plénier de la nature.

INDICATIONS BIBLIOGRAPHIQUES. — S. Thomas, dans tous ses ouvrages et à propos des questions les plus diverses, revient constamment sur cet *enchaînement naturel des fins et des moyens*, enchaînement connu par la raison droite qui, en tout ordre pratique, rattache les moyens, les fins secondaires à la fin première, à la fin principale, — puisque la fin, nous dit-il, I, q. 82, a. 1, joue dans l'ordre pratique un rôle analogue à celui du principe dans l'ordre spéculatif : Finis enim se habet in operativis sicut principium in speculativis, ut dicitur in II Physicorum. Cf. 2 D. 38, q. 1, a. 4, ad 4um; 1a-2æ q. 1, a. 4 ; et d'autres textes cités par Gardair, Les passions et la volonté, p. 305, et suivantes, où l'on trouvera une bonne vulgarisation du point de vue qui nous occupe.

Voir encore un excellent passage de Suarez, De religione, tr. 3, lib. 5, c. 4, n. 7 : « ire in agrum per se nihil confert ad honorem Dei ; sed interponere oportet alia media, quibus mediantibus possit ille actus conferre ad talem finem, ut si studium conferat ad honorem Dei et vires corporis sint necessariæ ad studium, etc.... »

Cf. Bellarmin, De justificatione, lib. 5, ch. 15 ; la théologie de

Salamanque, tr. 11, disp. 5, dub. 5 : qualiter actus humanus
debeat referri in finem ut recipiat ab eo bonitatem vel malitiam? — Bouquillon, Theol. fundam., n. 364, et De virtute
religionis, I, 364.

2° Tout plaisir (nous entendons : tout plaisir associé à
une action régulière, normale, droite) est un bien naturellement ordonné, naturellement lié à la perfection de cette
même opération. Et ultérieurement, par l'intermédiaire de
l'opération, le plaisir est un bien ordonné à la perfection
du sujet agissant.

En d'autres termes : le plaisir soit à titre de *stimulant*,
soit tout simplement à titre de *perfection accessoire*, con-
comitante, est *un élément de la plénitude de l'ordre moral
humain* — l'ordre moral humain étant normalement un
ordre sensitivo-rationnel.

RÉFÉRENCES ET BIBLIOGRAPHIE

S. Thomas en maint endroit, notamment Somme théologique
1-2, q. 2, a. 6, ad 1um; 3 C. c. Gent. p. 26 ; 4 Dist. 49, q. 3, a. 4,
solut. 3, ad 3, expose ou discute le rôle providentiel du plaisir sensible.

Sa doctrine est clairement exposée et solidement appuyée
sur les textes dans Schiffini, Ethica generalis, n° 19, surtout :
II°, III°, IV° et VI°, où il fait voir : que le plaisir n'est pas
purement et simplement un moyen dépourvu de toute valeur
propre et de toute efficacité motrice immédiate : quasi sit
purum quoddam medium quin ullo pacto ipsa participet de
ratione finis moventis et allicientis appetitum; — que, le plaisir étant immédiatement et intrinsèquement connexe à l'acte
humain parfait, il lui survient, comme un complément, une
perfection, un luxe et un embellissement naturels, destinés
d'ailleurs au bien de l'espèce : Unde Philosophus dicit 10 Ethic.
c. 4, quod delectatio perficit operationem sicut decor juven-

tutem, etc. Voir le remarquable passage 3 Contra Gentes, loc. cit.

Cf. encore : Schiffini, op. cit.. p. 136, obj. II*; Œg. de Coninck, de act. supern., disp. 3, dub. 9, n. 111 ; Bouquillon, Theol. fundam., n. 361.

Corollaire : *Honnêteté des actes ou démarches par lesquels nous recherchons le bien-être et le plaisir.*

1° Actes qui tendent à procurer le bien-être physique.

J'appelle bien-être physique : la possession de biens physiques — soit inhérents à la personne : santé, forces du corps, etc... — soit extérieurs : bien meubles ou immeubles. Il s'agit de biens secondaires, inférieurs aux biens spirituels et moraux, et même *en apparence biens indifférents* à la moralité. De cette possession résulte la satisfaction de quelque tendance physique, je veux dire quelqu'une des tendances qui se ramènent aux deux premières inclinations fondamentales : inclination à procurer le bien de l'individu ; inclination à procurer le bien de l'espèce.

L'acte, la démarche par laquelle je recherche le bien-être physique peut être légitime, honnête. Pour cela, il n'est pas nécessaire que le motif de mon vouloir soit formellement et exclusivement *l'honnêteté de cet acte*. Il suffit que mon intention ait pour objet *le bien honnête connu comme tel*, en d'autres termes, le bien proposé à la volonté par le jugement de la raison droite.

C'est ainsi que Schiffini, Philos. mor., n. 81, répond à l'objection suivante :

Objectio III : Ut quis bonum operetur necesse est ut ejus intentio feratur in bonum honestum, qua tale. Atqui actus descripti hactenus, plerumque saltem, minime ab agente diriguntur in bonum honestum qua tale. Ergo non sunt moraliter boni, sed vel mali, vel saltem indifferentes.

Respondeo. Distinguo majorem : Ut quis bonum operetur, necesse est ut ejus intentio feratur in bonum honestum qua tale, hoc est in bonum rectæ rationis dictamine voluntati propositum, concedo; — ita ut motivum quod movet ad appetendum non sit nisi ipsa formalis ratio honestatis, nego.

Contradistinguo minorem; nego consequentiam.

Voir en cet endroit, et n° 69, le parti excellent que Schiffini tire de cet ensemble de considérations, et de copieuses références à S. Thomas, contre Kant et contre toute théorie stoïcienne ou janséniste.

2° Relativement au plaisir. — Tout plaisir, — accompagnant d'ailleurs une action droite, non vicieuse, — tout plaisir est de soi un *bien honnête,* naturellement ordonné à la perfection de l'action. Par conséquent, l'action peut être désirée, voulue avec le plaisir qui l'accompagne : *cum delectatione* ; mieux encore elle peut être voulue à cause du plaisir : *ob delectationem*, pourvu que le plaisir ne soit pas voulu exclusivement — qu'il ne soit pas voulu comme note dominante et exclusive, dans l'harmonie des biens — ob delectationem, non ob solam delectationem.

Les théologiens moralistes traitent en divers endroits de l'intention et de la recherche du plaisir, de sa raison d'être providentielle, de sa licéité : soit quand ils étudient l'indifférence des actes, soit dans le traité de la tempérance, soit dans l'exposition des propositions 8e et 9e condamnées par Innocent XI.

Voir sur ces propositions, Viva, Damnatæ theses.

La question est abondamment traitée par Gury-Ballerini, 4e édit., t. 1, n. 28, et surtout une longue note, t. 2, n. 968. Voir aussi Bucceroni, Institut. theol. mor. I, n. 82 ; et son Enchiridion morale, n. 82.

Parmi les manuels de Philosophie on peut consulter : Costa-Rosselti, Philos. mor., p. 90; Ferretti, Institutiones philos. moralis, t. I, p. 282, etc.

IV

Diverses conséquences et applications.

Première conséquence des notions précédentes : la distinction des biens utiles en biens naturels et biens superficiels.

A. — Au moyen-âge.
Dans la terminologie de S. Thomas et des théologiens de son époque, le terme « *naturel* » était réservé aux biens qui conviennent immédiatement et directement à la nature :

Dicitur natura quælibet substantia vel] quodlibet ens ; et secundum hoc, illud dicetur esse *naturale* rei quod convenit ei secundum suam substantiam, et hoc est quod per se inest rei. In omnibus autem, ea quæ non per se insunt reducuntur in aliquid quod per se inest sicut in primum. Et ideo necesse est quod, hoc modo accipiendo naturam, *semper principium in his quæ conveniunt rei, sit naturale.* 1ᵃ 2ᵃᵉ, q. 10, a. 1.

B. — En terminologie moderne.
Les moralistes et les économistes ont remarqué que certains moyens sont *proches de la nature*, d'autres au contraire lointains et superficiels.

Les premiers sont immédiatement *connexes* avec la nature, immédiatement ordonnés à satisfaire au moins l'une de nos inclinations naturelles fondamentales se confondant pour ainsi dire avec la réalisation du bien, de la fin correspondante : ainsi dans un repas, les aliments, du moins une certaine dose d'aliments normalement nécessaires.

Au contraire, les seconds sont plus *lointains, superficiels, quasi artificiels* : tels dans un repas, tous les excitants de l'appétit, tous les accessoires de luxe, tous les éléments de plaisirs groupés en quelque sorte, à titre de compléments ou d'adjuvants, autour de la fonction principale.

Cf. Gide, Cours d'économie politique, p. 41.

D'après ce que nous venons de dire sur le rôle providentiel du plaisir modéré, contenu dans de justes limites, il est clair que ces biens superficiels eux-mêmes peuvent — théoriquement et sauf abus — être rangés parmi les « biens utiles ».

Et c'est ainsi que l'Église l'a toujours entendu contre le jansénisme.

Deuxième conséquence : **Notion de référibilité.** Puisqu'il y a des *liaisons naturelles*, des *ordonnances naturelles* entre moyens et fins, il y a donc, pour une créature intelligente et libre, possibilité de conformer ses intentions aux intentions providentielles, manifestées dans les liaisons et ordonnances naturelles.

Ces liaisons sont intelligibles ; on peut les connaître logiquement. Ces liaisons sont des enchaînements « *utiles* » de moyens et de fins, enchaînements d'où résulte l'utilité commune du moyen et de la fin, leur valeur relative, leur *désirabilité* : on peut les désirer, les vouloir dans la proportion de cette désirabilité relative.

En conformant ainsi mon intention à l'intention providentielle, je rapporte le moyen à la fin, je veux le moyen pour la fin, je le veux en tant que providentiellement proportionné à la fin. Cette aptitude naturelle providentielle, aptitude du moyen à être ainsi rapporté vers sa fin — cette « *référibilité* », suivant le mot technique, constitue en théologie morale un concept des plus importants, des plus féconds.

BIBLIOGRAPHIE

Voyez les auteurs indiqués ci-dessus 2°, au sujet des agencements providentiels et naturels — et en général les divers auteurs de philosophie et de théologie, là où ils traitent des diverses sortes de *relation de nos actes* à la fin dernière — ou bien encore là où ils traitent de cette autre question, immédiatement connexe avec la précédente : comment nos actes, comment nos vertus, — naturels ou surnaturels, — sont spécifiés par leurs fins proches et intrinsèques.

Sur ce point, voyez particulièrement S. Thomas, 3 D. 33, q. 1, a. 2, q. 4, ad 4um ; quæst. de Virtutibus, a. 10, ad 9um et 10um, — textes expliqués et commentés par la théologie de Salamanque, t. 6, de Virtutibus, disp. 3, n. 20 sqq.

Ainsi envisagée cette notion de *relation ou proportion avec la fin dernière* n'est autre que la *notion de rectitude* ou conformité à l'ordre dans la poursuite de la fin dernière. Voir plus loin.

S. Thomas montre bien comment coïncident ces deux notions : Rectitudo actus est ex proportione ad finem ; ad diversos autem fines diversimode accipitur actus proportio ; unde aliquis actus est rectus proportionatus bono civili, qui non est rectus proportionatus gloriæ æternæ ; unde oportet quod sint aliæ virtutes infusæ quæ faciunt actus rectos ex proportione ad finem, 3 D. 33, q. 1, sol. 3, ad 3um.

Troisième conséquence : **les biens divers ramenés à l'honnêteté,** au bien absolu ; caractères communs de tout bien honnête : il est ordonné et convenable.

Saint Ambroise, de Officiis, II, 25, reconnaissait déjà, au point de vue chrétien, l'identité de l'honnête et de l'utile. La morale de saint Augustin, de saint Thomas et des scolastiques étant une morale de l'ordre, est tout entière pénétrée de cette idée.

Et de plus, « le bien délectable », ou plaisir ramené comme nous l'avons vu au bien utile, se confond comme lui avec le bien honnête.

Ces trois espèces de bien ont donc les mêmes caractères

essentiels. Chacun d'eux est ordonné, chacun d'eux affecté de modalités spéciales, sous des conditions diverses de relativité, présente un caractère commun : la convenance plus ou moins directe et immédiate à la nature humaine, tout au moins, la convenance médiate ou immédiate à la nature, à l'une de ses tendances particlles et fondamentales.

C'est ce caractère de convenance que reconnaissent actuellement certains économistes, dans tout bien humain, dans toute richesse, prenant cette expression dans son sens tout à fait général et tout à fait adéquat. C'est pour désigner ce caractère général qu'ils ont proposé des termes divers, d'allure plus ou moins scolastique : ophélimité, désidérabilité, appétibilité. Voyez Paréto, Cours d'économie politique ; Landry, Manuel d'économie ; Gide, Cours d'économie politique, p. 44 et 45.

Quatrième conséquence : Fausseté de la **théorie du désintéressement** et des griefs qu'on en tire contre la morale chrétienne.

Théorie protestante et rationaliste du désintéressement.

Divers hétérodoxes ont voulu disqualifier toute œuvre, tout acte moral auquel se joindrait le désir, l'espoir de la récompense, et par conséquent, la vertu d'espérance elle-même. Pour un aperçu général, cf. Daniel, la Morale philosophique avant et après l'évangile, dans Etudes, t. Iᵉʳ, 1856, p. 251-252.

Ainsi pensèrent Calvin, Instit. lib. 3, c. 16, § 3 ; et c. 18, § 2 ; Baïus, l. de Caritate, c. 2 ; de virtutibus impiorum, c. 5-6 ; Voir aussi diverses propositions baïanistes et jansénistes, dans Denzinger, 1297, 1300, 1304, propositions condamnées par Alexandre VIII ; et ibid, de 1394 à 1413, condamnées par Clément XI.

Les quiétistes, excluant tout acte étranger à l'amour pur, en venaient aux mêmes conséquences.

Cf. Denzinger, 1327, 1328; et Viva, I, 562. Les œuvres de Fénelon, Versailles, t. 4, contiennent une analyse de la controverse du quiétisme, par Gosselin.

Kant proscrivit rigoureusement dans l'accomplissement du devoir toute idée de bien à recueillir, toute pensée de convenance entre l'objet et nous.

Cf. [Critique de la raison pratique, trad. Picavet, p. 128.

Il devait en venir à cet aveu qui le condamne : Peut-être il n'y a pas eu sur la terre un seul acte de véritable vertu, un seul acte fait par respect de la loi. Fondements de la métaphysique des mœurs, p. 30.

Nombre de rationalistes modernes ont adopté ce point de vue, et s'en servent contre le christianisme. Ils estiment que l'amour de la récompense ne saurait s'accorder avec l'amour de Dieu et du devoir, — que même on ne saurait reconnaître un lien naturel entre l'idée de récompense et celle de vertu, — que l'homme ne saurait légitimement les associer.

Cf. Roure, Doctrines et problèmes, ch. 7, Vertu kantienne et vertu chrétienne, citations très nettes de : P. Janet, la Morale, surtout p. 298-299 et 587-589 ; Vallier, De l'intention morale, p. 88, 89 ; p. 151 et 164 ; Charma, Essai sur les bases et le développement de la moralité, p. 436 ; Guyau, Esquisse d'une morale sans obligation ni sanction, p. 187, 197, 198.

Voyez encore la réfutation de ces rationalistes : De Pascal, Philos. morale, t. I, l. 2, c. 5.

La vraie doctrine est exposée par les théologiens et philosophes catholiques — soit dans le traité de la moralité des actes humains, v. g. Balmès, Philos. fondamentale, l. 10, ch. 21 ; M. B., Instit. de droit naturel, n. 83-84 ; Bouquillon, Theol. moralis fondamentalis, n. 361 ; Meyer, Instit. juris naturalis, n. 180 ; Tanquerey, Theologia moralis fondamentalis, n. 31 ; —

soit à propos de la vertu d'espérance, pour montrer que l'espoir de la récompense n'implique rien de contraire à la perfection morale. — Cf. Suarez, de gratia. l. 12, c. 12 ; Théologie de Wurtzbourg, t. 4, n. 257 sqq. ; Pesch, Pracl. dogm., t. 8, n. 514 sqq. — soit à propos de la vertu de charité pour faire voir qu'un acte peut être honnête, dans l'ordre naturel, sans être nécessairement rapporté à l'amour de bienveillance, — en d'autres termes, — fausseté de cette proposition janséniste, soi-disant augustinienne : l'homme ne peut que choisir entre deux amours entre lesquels il ne saurait y avoir de place, l'amour de Dieu et la cupidité vicieuse. Théol. de Wurtzbourg, loc. cit., n. 298, sqq. ; Pesch, loc. cit., n. 639.

TROISIÈME ÉTUDE

LES LOIS DIVINES

Loi éternelle, loi naturelle, conscience.

PRÉLIMINAIRES : SYNTHÈSES ANTAGONISTES

Erreur juridique.

L'historien qui voudrait, dans un tableau synthétique et rationnel, rassembler la végétation touffue des erreurs contemporaines, libérales et révolutionnaires, devrait y réserver une place importante aux diverses formes d' « *erreur juridique* ».

J'appelle « *erreur juridique* » celle qui méconnaît la nature et le fondement du droit en le séparant de ses sources théologiques, c'est-à-dire en l'isolant complètement des lois divines, — éternelle et naturelle, — où la théologie lui trouve sa suprême explication, sa définitive et absolue raison d'être.

L'erreur juridique revêt diverses formes.

A. — Tantôt elle méconnaît la loi naturelle, soit qu'on la nie expressément, soit qu'on affecte de s'en passer : c'est le matérialisme de Hobbes, Spinoza, Rousseau, Bentham ; c'est le positivisme plus ou moins agnostique de Comte, de Spencer et leurs disciples ; c'est encore l'utilitarisme de Mill, etc..

B. — Tantôt on paraît admettre une loi naturelle, mais à titre de loi humaine autonome. Et du même coup ayant

séparé la Morale de la Théodicée, on sépare le Droit de
la moralité. Ainsi procèdent les écoles rationalistes : subjectivisme et individualisme de Kant et de Fichte — pan-
théisme objectiviste de Schelling et de Hegel.

C. — Tantôt on s'en tient au simple positivisme juridique ; c'est l'attitude de l'école historique de Savigny,

BIBLIOGRAPHIE

Pour un aperçu exact et complet, voyez surtout Meyer, Jus
natur., sect. 1, liv. 2, p. 1, n. 155, sq. : utilitarisme et eudémo-
nisme sociologique de Puffendorf et des positivistes, — rationalisme des stoïciens, de Kant, et divers panthéistes, etc...; et
sect. 2, l. 2, c. 2, a. 2 et 3 : relations de la morale et du droit,
d'après Kant, Fichte, Hegel, Savigny et l'École historique.

Voir encore :

Un exposé très clair dans Cepeda, Droit naturel, 13e leçon,
impossibilité de séparer le droit de la morale, hypothèses des
séparatistes, conclusions, etc.. ; puis, 14e à 18e leçons : théories
matérialistes, rationalistes, positivistes, historiques. Remarquons surtout le jugement critique sur l'École historique, et les
observations générales, relatives à tous les systèmes erronés
en matière de droit.

Cathrein, Moralphilosophie, t. I, 8e livre, c. 4 : Das Natur-
recht ; et c. 5, Widerlegung einiger unrichtigen Rechtstheorien:
Kant, Fichte, Schelling, Hegel, Krause, Ahrens, Herbart, etc ;
— Ferretti, De essentia boni malique moralis, th. 8a, de theoria
Kant ; th. 9a, de positivismo morali, etc ; — Schiffini, t. I, disp,
4. de jure et officio, surtout sect. 3, de habitudine justitiæ et
juris ad ordinem moralem actionum humanarum ; et ibid,
sect. 5, utrum nullum existat jus proprii nominis nisi positivum.

**Doctrines catholiques opposées à cet ensemble d'erreurs
juridiques.**

1° — Il existe une loi divine, loi éternelle dont la loi
naturelle est un écho dans la conscience de l'homme.

2° — De cette loi éternelle dérivent par l'intermédiaire de la loi naturelle toutes les lois humaines.

3° — De la loi divine et du droit divin découlent simultanément et corrélativement tout devoir et tout droit.

4° — La morale et le droit ne peuvent pas être séparés.

On saisit aisément l'opposition des deux enseignements : contre le positivisme, l'agnosticisme et l'autonomie kantienne, nous affirmons l'existence d'un législateur suprême (hétéronomie) ; contre le séparatisme kantien et contre le positivisme juridique, nous affirmons d'une part, — au point de vue abstrait et purement intelligible, — la continuité dialectique de la Moralité et du Droit ; d'autre part au point de vue de la causalité ou efficacité juridique, nous affirmons l'unité de source et l'efficacité corrélative.

En résumé, nous rejetons toute forme de séparatisme juridique.

———

CHAPITRE PREMIER

GÉNÉRALITÉS

LOI ÉTERNELLE ET LOI NATURELLE

I

Origines du traité; sommes anciennes et cours modernes.

Alexandre de Alès, Summ. III, q. 26-60, peut être considéré, parmi les scolastiques, comme le premier initiateur du *Traité des Lois.* — Saint Thomas, 1-2, q. 90-108; puis Suarez, de Legibus, l'ont développé et complété.

Snr le mérite de l'œuvre Suarézienne, cf. Rothe, Traité du droit naturel, n. 28, sq.

On trouvera ce traité, du moins ses éléments principaux dans les divers commentaires de saint Thomas, parmi lesquels on consultera de préférence Cajétan; Grégoire de Valence, t. 3; La théologie de Salamanque, t. 6, traité 11, de bonitate et malitia act. human.. composé par Dominique de sainte Thérèse; Jean de saint Thomas, in h.l.

Voir encore les sommes ou commentaires de Vasquez, Arriaga, Arauxo, Medina, Salas, Pallavicini, Montesinos, Ysambert, Gonet, Billuart, Sylvius, — et quelques autres traités d'allure plus libre : le Cursus d'Esparza; la Synopsis de Platel; les Quæstiones theologicæ de Sylv. Maurus; la Theologia Wirceburgensis, t. 5, traité des actes humains et des lois, œuvre du

P. Ignace Neubauer. Au cours du xviii° siècle signalons quelques canonistes et juristes : Schmalzgruber, Jus ecclesiasticum, t. I ; Schwartz, Institutiones juris publici; Zallinger, Institutiones juris naturalis.

Saint Alphonse de Liguori, dans sa Theologia moralis, lib. I, Morale systema pro delectu opinionum, n. 72, sqq, donne des principes importants relatifs à la loi éternelle, à son mode d'obligation ; sur ce sujet consultez chez les moralistes les plus autorisés, le traité de la conscience, — surtout à propos de la controverse probabiliste, les auteurs qui traitent cette question : par quel intermédiaire et sous quelle forme nous oblige la loi éternelle ?

Parmi les récents manuels de philosophie, on consultera spécialement : Schiffini, Ferretti, Meyer et Cathrein.

II

Notion de la loi.

La loi est essentiellement un ordre établi par la raison pour le bien commun, promulgué par celui qui gère les intérêts de la communauté : quædam rationis ordinatio ad bonum commune, ab eo qui curam communitatis habet, promulgata.

Voir S. Thomas, 1-2, q. 90 ; Cajétan, in hunc locum ; Suarez De leg., lib. 1.; Valentia, l. c., q. 1; Frassen, Scotus acad., t. 6, Disp. 1 ; Billuart, de leg. diss. 1 ; Bouquillon, n. 53, sq., Ballerini-Palmieri, t. I, n. 236, sq.; Tanquerey, t. 3, n. 207-209; Tepe, t. I, p. 127-135; Bautain, Philosophie des lois, ch. 1 et 2 ; Didiot, Morale surnat. subj., n. 588-607.

Cours de philosophie : Schiffini, n. 105-106 ; Ferretti, n. 114-118; Costa-Rossetti, Meyer, Cathrein, etc.

Cette définition permet dès maintenant de reconnaître dans la loi un double élément : *l'élément rationnel*, intelligi-

ble — *rationis ordinatio* — s'imposant à toute raison par
son essentielle nécessité ; d'autre part, un élément libre,
c'est-à-dire : la contingence que l'on découvre aisément
dans tout ordre d'actions librement choisi, librement im-
posé « *in bonum commune* » par le législateur.

A ce point de vue s'opposent entre elles : d'une part,
les écoles rationalistes qui s'attachent à considérer la nécessité des essences, des vérités métaphysiques pures, jusqu'à
leur attribuer une sorte de subsistance indépendante (raison impersonnelle de Cousin) — et de la sorte, voient en
elles une loi, règle suprême, arbitre de la moralité, antérieurement à tout vouloir divin.

D'autre part, à l'extrême opposé : **les écoles contingen-
tistes**, radicalement antirationalistes, qui méconnaissant
le caractère nécessaire des vérités premières et essentielles,
attribuent à la libre volonté divine une souveraine disposition, une pleine indépendance relativement à la constitution de l'ordre moral et de ses lois.

Cf. Schiffini, n. 57, II°, et n. 67 ; — ainsi que Cathrein,
Moralphilosophie, t. 1, l. 3, c. 2: Widerlegung, des Moralpositivismus der göttlichen Willens, — réfutation du positivisme
moral qui s'appuie sur une fausse conception de la liberté
divine.

Cette question ardue dégénère chez bien des auteurs en sub-
tilités purement verbales. Elle ne saurait d'ailleurs être fruc-
tueusement discutée, si l'on n'a tout d'abord sérieusement approfondi non seulement la notion de loi dans toute sa généralité,
mais encore les diverses lois divines et humaines — si l'on n'a
démêlé dans les lois humaines, et en un certain sens, dans la
loi naturelle elle-même, le double caractère de contingence et
de nécessité.

Voir un aperçu de la question dans :
Pesch, Prælect. dog., t. 3, n° 678-683 : « Quamvis nonnullæ
actiones sint moraliter bonæ vel malæ antecedenter ad volun-

tatem divinam legiferam, tamen universa regula moralitatis est voluntas divina. »

Ferretti, De essentia boni maliquo moralis, p, 39-68. Th. 3ᵃ de regula fundamentali ; et Th. 4ᵃ de sententia scholasticorum : in actionibus præceptis vel approbatis, vel prohibitis a lege æterna et naturali, distingui duplicem bonitatem vel malitiam.

Boistel, Philosophie du droit, n. 25; a senti l'importance de la question; il s'efforce d'exposer et de discuter les sentiments de S. Thomas, Suarez, Leibniz, Puffendorf, de Vareilles-Sommières. Mais on sent trop le défaut de préparation suffisante.

Voir encore un exposé très approximatif, accompagné de références intéressantes dans Vareilles-Sommières, Principes fondamentaux du droit, ch. 4, n. 3, et 4. — Il remarque que « par une inadvertance sans excuse, quelques philosophes contemporains ont allégué que les catholiques font dépendre les lois naturelles, le bien et le mal, de la volonté arbitraire de Dieu. » Ce sont : Ahrens, Cours de droit naturel, t. 1, Introduction historique, c. 3. § 10 ; et partie générale, c. 1, § 14; Bélime, Philosophie du droit, l. 2, c. 2; Fouillée, la Science sociale contemporaine, l. 4, c. 3. ; Courcelle-Seneuil, Préparation à l'étude du droit, Appendice, n. 3, 10.

III

Loi éternelle.

Saint Augustin l'avait définie : « *ratio vel voluntas Dei ordinem naturalem conservari jubens, perturbari vetans.* » Cont. Faust., XXII, 27. — Ailleurs : « *Est summa ratio cui semper obtemperandum est.* » De libero arbitrio, I, 6. D'après toute l'Ecole, la raison divine est la loi universelle et la cause exemplaire de toute loi. D'après saint Thomas :

Sa notion. — La loi est dans le souverain un « dictamen » de la raison pratique. Puisque l'univers est un ensemble gouverné par la raison divine : Tota communitas universi gubernatur ratione divina, — le plan du gouvernement que Dieu porte en Lui est donc une loi : ipsa ratio gubernationis rerum in Deo sicut in principe universitatis existens habet rationem legis. Concept éternel, donc Loi éternelle.

Son universalité. — Elle s'étend à tous les êtres créés : monde physique et monde moral ; naturel et surnaturel. Son parallélisme avec la sagesse créatrice « secundum quod est directiva omnium actuum et motionum », q. 93, a. 1 ; cf. a. 4, 5, 6.

Sa distinction d'avec la Providence. — Dans notre raison pratique, il y a distinction entre les principes fondamentaux, loi de notre intelligence, et l'ensemble d'actes qui en découlent, délibération et décision. Analogiquement en Dieu : l'acte de Providence se rattache à la loi éternelle, comme le cours de la délibération et l'acte de décision se rattachent à leurs principes indémontrables : « convenienter legi æternæ attribuitur actus providentiæ ; sicut et omnis effectus demonstrationis principiis indemonstrabilibus attribuitur. » Q. disp. de Veritate, q. 5, a. 1, ad 6.

BIBLIOGRAPHIE

S. Augustin, De ordine, l. 2, c. 4, n. 11 ; De libero arbitrio, l. 1, c. 6, n. 15 ; Lib. quæstionum 83, q. 27 ; de vera religione, c. 1, n. 30 ; c. 31, n. 57 ; Contra Faustum, l. 20, c. 27 ; De Civitate Dei, l. 19, c. 12, et c. 13. — S. Jérôme, In Matthæum, VIII, 26 ; — S. Anselme, Cur Deus homo, I, 14.

S. Thomas, 1-2, q. 91, a. 1 ; q. 93 ; C. Gentes, l. 3, c. 71, 73, 111, 115 ; I. D. 39, q. 2, a. 2 ; De Verit., q. 5, a. 3, 4 ; — Suarez, de Leg., l. 2, c. 1-5 ; — Valentia, d. 7, q. 3 ; — Frassen, Scotus acad., t. 6, disp. 3, a. 1 ; — Billuart, loc. cit ; — Tepe, l. c., p. 135-141 ; Didiot, Morale surnaturelle fondamentale, Théor. 68 et Théor. 69.

Meyer, Instit. juris, n° 238-242 ; idem, Grundsätze der Sittlichkeit und des Rechts ; Schiffini, n° 12 sq. (remarquer, p. 114, le rapport du miracle avec la « nature universelle »); Ferretti, t. i, p. 336-355.

Vulgarisation : Bossuet, Histoire universelle, fin ; et : Sermon sur la Providence ; — Balmès, Le Protestantisme, ch. 53 ; — Lacordaire, 68ᵉ conférence de Notre-Dame ; — R. P. Janvier, Exposition de la Morale catholique, 2ᵉ conf.

P. de Pascal, op. cit., t. i, p. 152-159 ; Cepeda, op. cit. ; Rickaby, Moral philosophy, ch. 7, etc. Voir notamment dans Rickaby, l. c., de bonnes remarques : n° 6, sur une certaine nécessité inhérente aux lois du monde physique — et n° 7, sur l'unité du monde moral et du monde physique, sous l'empire de la loi éternelle.

IV

Loi naturelle.

Première notion de sa nature et de son existence.

La loi naturelle est une « participation » : qu'est-ce à dire ?

1° — Dans tout être soumis à la loi, on peut reconnaître une dérivation, empreinte ou « participation » de cette loi ; il en est ainsi de toute créature par rapport à la loi éternelle.

2° — Il y a dans la créature raisonnable une « participation » d'ordre spécial ; d'où une inclination à agir suivant l'ordre : In ipsa (rationali creatura) participatur ratio æterna per quam habet naturalem inclinationem ad debitum actum et finem, q. 90, a. 2. Cette participation porte le nom de la loi naturelle. Cf. Schiffini, op. cit., p. 192, n. 113; Zigliara, p. 89, n. 24.

REMARQUES BIBLIOGRAPHIQUES

Faute d'avoir compris cette idée et d'y être resté fidèle, l'idée de loi naturelle et sa théorie explicative se sont notablement déformées chez certains auteurs, à diverses époques, surtout depuis deux siècles.

C'est ce que constate Neubauer, dans la Théologie de Wurtzbourg, de Leg., ch. 1, a. 3, n. 10. Il rappelle la grande diversité de sentiments et de terminologie chez Vasquez et Wolf, Suarez, Layman et beaucoup d'autres, — en ce qui concerne l'essence de la loi naturelle. Il ajoute : « Quidam vero statuunt voluntatem divinam — et legem æternam confundunt cum naturali » ; il insiste sur la nécessité d'une distinction qui sauvegarde la réalité de la participation immanente au sujet humain et permette d'en rechercher la nature.

Parmi les auteurs auxquels fait allusion Neubauer, on pourrait sans doute compter Schmalzgruber. Dans son Jus ecclesiasticum universum, — ouvrage qui jouit pourtant d'nne si grande autorité, — un lecteur insuffisamment averti ne reconnaîtrait sans doute pas la distinction à faire entre la loi éternelle et la loi naturelle. Voir particulièrement le § 2, passim, surtout n° 38, 39, et 51-54.

De nos jours on peut retrouver semblable confusion dans plus d'un ouvrage estimé, notamment dans Castelein, Institutiones philosophiæ moralis et socialis, Th. 7.

On démontre l'existence de la loi naturelle :

1° Par la considération objective de la raison humaine (ses données immédiates et fondamentales).

A la lumière de la raison humaine, nous reconnaissons que certaines actes sont contraires à l'*observation de l'ordre* et à la *possession de la fin dernière;* que d'autres sont liés d'un rapport nécessaire avec cette observation et cette possession.

La même connaissance nous fait découvrir les intentions de Dieu relativement à cette observation de l'ordre, et à cette possession de la fin dernière.

2° Par la connaissance de la nature humaine, *dans l'expérience subjective.*

La nature humaine, telle que nous la révèlent quotidiennement les faits d'expérience intime, revêt tous les caractères d'une véritable loi morale, édictée par Dieu, promulguée dans et par la conscience humaine.

Bien remarquer que :

(α) La nature raisonnable est ainsi une *règle pratique, objective et stable*; elle dirige les actes humains dans le sens de leur universelle et essentielle destination. — Règle pratique, disons-nous ; elle impose à la volonté une nécessité pratique, ou nécessité d'agir ; c'est-à-dire, nécessité morale d'observer l'ordre : « Teste intima experientia, cum eadem evidentia a rationis usu inseparabili, cum qua nonnulla invincibiliter judicamus moraliter bona, alia vero mala, simul æque invincibiliter apprehendimus, actiones malas omnes eo ipso esse illicitas, ex bonis vero nonnullas ad integritatem recti moralis ordinis esse necessarias et ideo præceptas ». Meyer, l. c., n. 248.

(β) Cette règle tire de la raison et de la volonté divine, sa lumière directrice et son efficacité obligatoire. — Car : sans cette divine origine, on ne saurait donner une *explication*, une *raison suffisante*, ni du caractère universel et absolu de ses principes, ni du mode impératif que revêt la loi naturelle dans chacune de nos consciences individuelles.

Cf. S. Thom. 1-2, q. 21, a. 1 ; q. 90, a. 4 ; q. 91, a. 2, corp. et ad 2 ; q. 100, a. 1.

Voir encore pour les preuves d'existence de la loi naturelle : Muller, p. 118 sq. ; Bouquillon, l. c., 229-233 ; Tanquerey, n. 213-219 ; Schiffini, l. c. ; Zigliara, l. c. ; Cathrein, Ph. in usum schol., n. 157 ; Cepeda, l. c., brève démonstration.

BIBLIOGRAPHIE DE LA LOI NATUTELLE

S. Augustin, II Confessions, 4 ; Enarrat. in Psalm. 55, n. 1 ; Enarr. in Psalm. 118.

Alexandre de Alès, Summa, III, q. 27 ; — S. Thomas, 1-2, q. 91, a. 2 ; q. 94 ; 3 D. 37, a. 3 ; 4 D. 33, q. 1 et 2 ; Rom., 8.

Les divers commentateurs de S. Thomas ; entre autres : Grégoire de Valence, Commentaria, t. 2, d. 7, q. 4 ; — Cajétan, en cet endroit; — Suarez, de Legibus, l. 2, c. 5-16 ; — Sylvius, en cet endroit; — Gonet, Clypeus Theol. Thomist., tr. 6., disp. 3; — Billuart, de Leg., diss. 2, a. 2 et 3 ; Gotti, Theolog. schol., 1-2, tr. 5, q. 3.

Frassen, Scotus acad., t. 6, disp. 2.

Schmalzgruber, Jus ecclesiast., l. c., § 2; Neubauer, dans la Theol. Wirceb., t. 5, tract. de leg., p. 1, a. 3 ; — Zallinger, Jus naturale, cap. 1 ; cap. 2, surtt. § 6, 7, 8 ; cap. 3, surtt. §, 14, 15, 16 ; cap. 4, surtt. § 20, 21, 22 ; idem, De usu et systematica deductione juris naturalis et ecclesiatici, c. c. 1-4.

Pascal, Pensées, a. 3 ; — Montesquieu, Des lois, l. 1, c. 2 ; l. 26 ; — Domat, Œuvres, t. I, Traité des Lois, cp. 1 ; — Bossuet, Sermons : sur la haine de la vérité ; sur la Charité fraternelle ; sur la Circoncision de Notre-Seigneur.

Kleutgen, Theol. der Vorzeit, t. 1, n. 387, sq. ; — Muller, Theolog. moralis, t. 1, p. 117-136 ; — Bouquillon, Theol. mor. fundam., p. 224-251 ; — Noldin, De principiis Theol. moralis ; Didiot, Morale surnaturelle fondamentale, Théorème 86.

Apologistes : Bergier, Traité de la vraie religion, 1° p., c. 8, a. 1 ; De la Luzerne, Dissert. sur la loi naturelle, dans ses Œuvres, t. 1, p. 307; Gerdil, Œuvres, éd. Migne, Disc. philos. sur l'homme, Disc. 7, de la loi naturelle; Frayssinous, Défense du Christianisme, t. 1 ; Newman, Grammar of assent, p. 102-112 ; Mausbach, La morale catholique, 2° partie, cap. 2 ; Vareilles-Sommières, Les principes fondamentaux du droit, ch. 4 ; R. P. Janvier, Exposition de la morale catholique, 1909, 3° conférence, p. 89-125.

Manuels philosophiques : Liberatore, Ethica, n. 77-102; Zigliara, Phil. mor., n. 24; Schiffini, Phil. mor., disp. 3, p. 181-301 ; Ferretti, Institut. philos. mor., c. 4, p. 355-461 ; Meyer, Inst. juris nat., p. 197-241; Cathrein, Philos. mor. in usum schol., c. 5; Rickaby, Moral philosophy, c. 8.

CHAPITRE II

POINTS DE VUE SYSTÉMATIQUES

On peut se demander : en quel sens la loi naturelle est un principe inné, une habitude, etc...?

C'est là une **question de morale connexe à la psychologie.**

On peut se demander encore : en quel sens la loi naturelle est dans l'homme un principe d'obligation? comme un principe absolu, — *a se*, — autonome, indépendant de toute cause première? ou comme un principe secondaire — *ab alio*, — dépendant, en tant que causé dans l'homme par Dieu, en d'autres termes, dérivé de la loi éternelle ?

C'est là une **question d'origine, de causalité,** où la morale compénètre l'ontologie [1].

I

Psychologie de la loi naturelle.

En quel sens la loi naturelle est-elle un principe inné, une habitude ?

Sur l'apparente innéité de la loi naturelle, et sur l'ori-

---

1. Nous pensons indiquer suffisamment qu'il ne s'agit pas d'*analyser le fait d'obligation*, et d'en établir une théorie, ce qui est en dehors de l'objet de la présente étude, mais bien de *situer ontologiquement ce fait*, d'y démêler d'une part, la raison d'être, supérieure et absolue; d'autre part, l'intime dépendance et contingence.

gine psychologique de ses dictamina : cf. saint Thomas
1-2, q. 94, a. 1, où il traite la question ex professo.

Comparer S. Bonaventure, 2 D. 39, a. 1 : Quæritur 2° de ipsa
conscientia in comparatione ad originem, utrum a natura vel
ab acquisitione ; ibid, a. 2, q. 1, ad 5um ; — et Suarez. de Leg.,
I, c. 5, n. 13, 14, 15 : an lex naturalis consistat in actu vel in
habitu ; quomodo distinguitur a conscientiæ regula. — Voir
encore à titre d'étude psychologique préliminaire : Somme
théol., I, q. 79, a. 11, 12, 13 ; — intellect spéculatif et intellect
pratique, — la nature de la syndérèse ; et les passages
parallèles : 2 D. 24, q. 2, a. 3 et 4 ; 3 D. 23, q. 11, a. 3 ; de
Veritate, q. 16, a. 1 ; ibid, q. 17, a. 1 ; ad Rom., 2, l. 3.

Schiffini, Phil. mor., nr 120-121, expliquant avec soin la
pensée de S. Thomas, distingue trois moments dans le processus moral spontané : l'aptitude à juger — l'acte de jugement proprement dit — le verbe proféré ou formule exprimée.
A ce dernier moment doit être réservé le nom de loi naturelle.

Ferretti, dans sa thèse XL : Lex naturalis secundum se
considerata consistit in moralibus illis enunciabilibus quæ in
naturalibus nostris rationis practicæ judiciis continentur, —
étudie à fond la même question et donne de nombreux textes
de S. Thomas et de Suarez.

Voir encore : Muller, p. 121 ; — Bouquillon, p. 241 ; — Liberatore : Théorie de la connaissance intellectuelle, c. 8, a. 6: de
l'habitude innée des premiers principes ; et a. 7, application
de la doctrine précédente à la loi naturelle ; — Bouix, Tractatus de principiis juris canonici, p. 1, s. 1, c. 3, § 11.

Vulgarisation : dans Rickaby, Mor. Philos., ch. 8, s. 1 : of
the origin of primary moral judgments.

Remarquez l'affinité de cette question avec la question de
Théologie positive : en quel sens certains Pères de l'Église ont
admis des « notiones ingenitæ » dans l'ordre religieux et moral. Cf. Kleutgen, la Philosophie scolastique, V ; — Franzelin,
de Deo uno, th. VII ; — Pesch, Prælectiones dogmaticæ, t. 2,
n° 21-24: Primitiva Dei cognitio secundum doctrinam Patrum est
quidem quodammodo congenita, non tamen stricto sensu in-

nata, sed vere acquisita. Pesch signale l'erreur intuitionniste professée par Thomassin, Klee, Staudenmaier, Kuhn, et résume ainsi la question : Hanc igitur indeliberatam rationis exsertionem opponunt deliberatæ et studiosæ investigationi, eo sensu quo S. Thomas in Boet., de Trinitate, prœmium, q. 1, a. 3, ad 6um dicit : Dei cognitio nobis innata dicitur esse, in quantum per principia nobis innata de facili percipere possumus Deum esse.

II

Ontologie de la loi naturelle. Double élément : nécessaire et contingent.

Pour mettre en lumière le caractère divin de la loi naturelle, saint Thomas rappelle qu'elle est une dérivation ou « participation » de cette lumière divine, règle absolue pour le discernement du bien et du mal : Signatum est super nos lumen vultus tui Domine. Les vérités nécessaires contenues dans la loi naturelle nous font donc connaître son origine divine et son caractère « participé », causé, créé. Elle n'est point *a se* ; elle est *ab alio*.

Cf. de Regnon, Métaphysique des causes, p. 70-75 ; Hontheim, Institut. Theod., p. 128-139 : l'argument idéologique ; ibid. p. 218-227 : l'argument ontologique.

Relativement à ce point de vue, j'ai signalé une double erreur : l'erreur positiviste (point de vue de la contingence absolue), et l'erreur rationaliste (point de vue de l'absolue nécessité).

Point de vue de la contingence. — On méconnaît dans la loi naturelle son caractère absolu et nécessaire, si on ne veut y voir qu'un décret absolument arbitraire du Créateur. La liberté divine devient de la sorte la source unique et suprême de la moralité : *école nominaliste*. On méconnaît encore ce caractère absolu : par des négations plus radicales, dans les systèmes *naturalistes, agnostiques, relativistes et empiriques.* Signalons en particulier les nombreux écrivains qui réduisent la morale à n'être plus qu'une histoire naturelle, une théorie descriptive purement a posteriori, une « science des mœurs ».

Ces diverses erreurs refusant à la moralité tout caractère de nécessité métaphysique peuvent être ramenées à une commune catégorie : Positivisme moral. Schiffini, n° 65, montre bien comment à toutes les variétés de positivisme moral, on peut assigner comme précurseurs, bien avant Puffendorf, Descartes, Ocham et quelques autres nominalistes cités par Suarez : Tract. de bonit. et malitia act. hum., D 7, s. 1, n° 2. Voir aussi Cathrein, Moralphilosophie, t. I, l. 3, c. 3, a. 2.

Point de vue opposé : **la nécessité essentielle des choses.** — Les rationalistes mettent dans l'absolu de la raison le fondement de l'obligation morale : tantôt ils entendent par raison une sorte de fiction impersonnelle et totalement abstraite, érigée en divinité au-dessus de toute raison individuelle (Cousin) ; tantôt ils attribuent à la raison humaine toutes les prérogatives de la raison divine : indépendance, être absolu, jugements nécessaires (Kant).

Tendances rationalistes chez des auteurs catholiques.
Non seulement pareille conception est à la base de nombreux systèmes totalement rationalistes, — mais encore chez certains auteurs catholiques, elle altère la pureté de la doctrine ou du moins en obscurcit l'exposé. Ainsi certains théologiens ont été conduits à des conceptions inexactes, et formules périlleuses, telles que celles-ci :

A. — *L'obligation morale provient en dernière analyse de l'essence des choses.*
Telle semble être la pensée de Gerdil, bien qu'il ne la formule nulle part, et qu'elle soit difficile à dégager de ses développe-

ments abondants et littéraires : Œuvres complètes, édition
Migne. — Voir surtout Discours philosophiques sur l'homme,
col. 1366, Disc. 6 : la règle de la moralité peut-elle s'accorder
avec l'amour de soi-même; et col. 1374, Disc. 7 : de la loi naturelle.

D'une part, il semble ériger en principe suprême l'ordre idéal
des actions humaines ; — d'autre part, il attribue aux maximes
de la droite raison fondées sur la considération de cet ordre,
le caractère d'un principe d'obligation absolu : « ainsi la loi
naturelle contenue dans ces maximes a la force d'obliger ceux
même qui auraient le malheur de ne pas connaître l'auteur de
leur existence. » Cf. col. 1380.

B. — *Autre formule équivoque : l'obligation morale provient de la convenance* (ou des convenances) de nos actions
humaines avec notre nature raisonnable.

Ainsi Vasquez : Voir surtout : in 1-2, disp. 150, c. 2. passage allégué par Suarez qui le réfute : de Legibus l. 3, c. 5,
n. 2 ; voir aussi dans Vasquez 1-2, disp. 58, 90, 96, 97, 100 ; et
surtout disp. 107, c. 5 ; et disp. 144.

Comme le remarque très bien Schiffini, le point capital en
cette controverse épineuse est de ne reconnaître en aucune
façon une obligation formelle antérieure à la loi éternelle *in
signo priori*. Et Schiffini estime que ce point de vue reçoit un
certain appui (huic sententiæ multum procul dubio favent) des
développements que Suarez donne parfois à sa pensée : Tract.
de bonitate et malitia actuum humanorum, d. 1, s. 2 ; d. 7, s. 1 ;
de Legibus, lib. 2, c. 6, n. 11 sq. ; ib. c. 9, n. 4 ; c. 15, n. 4, —
Même remarque pour Lugo : de Incarnatione, disp. 5, s. 6.

BIBLIOGRAPHIE ET DÉVELOPPEMENTS

Cette matière importante autant qu'épineuse est examinée
par les théologiens et les philosophes : tantôt dans le traité *de
la moralité*, proprement dite, antérieurement au traité *des lois* ;

Cf. supra, p. 20 et 21 ; — tantôt dans le traité des lois considérées comme formellement obligatoires.

La question se présente notamment sous les aspects suivants :

A. — Y a-t-il, antérieurement à toute prohibition, des actes **essentiellement mauvais?** — ou bien, faut-il voir, à l'origine de toute prohibition, **la volonté libre de Dieu ?** — question généralement dépendante du traité de la moralité.

B. — La nature raisonnable peut-elle être considérée antérieurement à toute loi divine, dans un sens rigoureusement propre, comme un **fondement de l'obligation morale ?**

C. — La nature raisonnable a-t-elle le pouvoir d'obliger? en d'autres termes est-elle non seulement **indicative**, mais **préceptive** des actions morales ? question généralement dépendante du traité des lois.

Bouquillon, Theol. fund., n. 65 et 66, résume une grande partie de la matière relative à ces trois questions, tout en développant les solutions suivantes :
1° Imprimis norma proxima discriminans actiones humanas rectas a pravis est ipsa humana natura rationalis ; remota autem norma est divina essentia ; — 2° Norma obligans est divinum imperium ordinem naturalem conservari jubens, perturbari vetans ; — 3° Norma actionum discrimen ostendens et obligationem demuntians est recta ratio naturalis.

Voir encore pour une première vue d'ensemble claire et méthodique : Tanquerey, Theol. mor. fundam., n. 21 sqq.

Chacune des trois questions qui viennent d'être formulées, mérite une étude attentive et spéciale.

Première question.
Double solution : suivant les uns, on ne saurait conce-

voir aucune bonté ou malice morale sans concevoir antérieurement (*ratione prius*) *le précepte*, tout au moins *la
permission* — ou la défense de Dieu.

Telle est l'opinion de nombreux Thomistes, tels que les Docteurs de Salamanque, Tr. 11, disp. 1, dub. 5 ; de la majorité
des Scotistes, d'après Mastrius, de pecc. q. 3, n. 65 ; d'autres
tels que Valentia, 1. 2, disp. 2, q. 13, p. 1.

Suivant les autres, il faut voir dans les essences des
choses une règle de moralité, du moins une règle abstraite,
une moralité qu'ils appellent fondamentale, incomplète,
purement objective, mais non pas un fondement réel,
propre à engendrer l'obligation véritable :

Suarez, de bon. et mal. act. hum., disp. 3, s. 3, n. 5 ; disp.
7, s. 1, n. 6 ; de leg., 1. 2, c. 6 ; Vasquez, 1-2, disp. 97, c. 3 ;
de Lugo, de Incarnatione, disp. 5, s. 5 ; Sylv. Maurus, Qu. theol.,
lib. 5, q. 24 ; Dom. Viva, Cursus Theol. p. 2, d. 7. q. 1 ; Ant.
Mayr, Theol. schol, tr. 4, d. 1, q. 3, a. 2.

Parmi les manuels modernes, on consultera avec fruit : Pesch,
Præl. theol., tr. 3. n. 675 sqq. qui tout en tenant la volonté
divine comme règle universelle de moralité, n° 684, s'efforce de
faire ressortir les points communément admis par toutes les
écoles, n. 679, et de faire comprendre en quoi consiste la
moralité objective, telle que la concevaient et la soutenaient
Suarez, de Legibus, 1. 2, c. 6, n. 17 ; Lessius, De perf. div.,
1. 13, n. 184 ; etc.

Ferretti, Instit. phil. mor., p. 223, donne textes et références
assez abondants.

Voir encore une excellente *vulgarisation* dans : de Pascal, Philosophie morale, t. I, p. 86, n. 3 ; Mgr d'Hulst, Carême de 1891,
4e Conférence, et note 29 ; Cathrein, Moralphilosophie, t. I, l. 3,
c. 3, a. 2 ; du même : Widerlegung des Moralpositivismus des
göttlichen Willens, contre le volontarisme d'Occam, Gerson, et
autres nominalistes, ainsi que des commentateurs de Grotius, —

donnant en général à la volonté divine une prépondérance excessive dans la distinction du bien et du mal, et la constitution
de la moralité. — Défense des scolastiques contre les griefs de
Wundt, Ahrens, Spencer, etc,...

Remarque I. — On pourrait encore indiquer ici tous
les auteurs qui, à l'encontre du positivisme et de la morale
indépendante, se sont placés au point de vue le plus transcendant de l'ontologie — s'efforçant de faire voir la première et radicale origine de la possibilité des choses — à
savoir : *l'essence divine* diversement imitable dans les
réalités contingentes de l'ordre moral aussi bien que dans
celles de l'ordre physique.

Parmi les manuels de philosophie, voir plus spécialement :
Schiffini, t. I. n. 61, 62, et surtout 63, avec référence aux Principia philosophica du même, n. 604 : « Deus ut summum
bonum debet esse prima radix cujuscumque alterius bonitatis
atque adeo suprema ratio agibilium ; — Cathrein, Phil. mor., Th.
14, p. 2ᵐ: norma ultima et universalis est ipsa essentia divina :—
Ferretti, de essentia boni malique, p. 54, 55 ; — M. B., Institutes, t. I, p. 110, cité par de Pascal, Philosophie morale,
p. 92.

Remarque II. — Fréquemment les partisans de la morale
indépendante ont posé la difficulté sous cette forme : Si
Dieu n'existait pas, l'intelligence humaine concevrait
néanmoins les vérités nécessaires de l'ordre moral et les
concevrait sous la forme obligatoire.

Au xviiᵉ siècle, par exemple, dans un passage célèbre, Grotius,
de Jure belli et pacis, Prolégomènes, nᵒ 11, s'exprime ainsi, au
sujet des fondements de la morale et du droit naturel: «Ce que
nous venons de dire aurait lieu en quelque sorte, quand même
nous accorderions, ce qui ne peut être concédé sans un grand
crime, qu'il n'y a pas de Dieu, ou que les affaires humaines
ne sont pas l'objet de ses soins. »

Cf. Suarez, De Legibus, lib. 2, c. 6, n. 14, sqq, correction et mise au point de la doctrine exposée précédemment, dans le traité De bonit. et mal. human. act., D. 7, s. 1 ; et pour la critique de Suarez lui-même, Schiffini, Phil. moralis, n. 60 ; on y remarquera surtout un texte de S. Thomas, 1-2, q. 71, a. 2, allégué pour faire voir l'intime connexion entre les deux règles, raison humaine et loi divine.

Gonet, Clypeus Thomisticus, tract. 3, de moralitate, disp. 1, a. 2, in fine, s'exprime ainsi : « Si supponatur primam legem ac regulam operandi tolli, — tunc, facta hac suppositione impossibili, destrueretur omnis moralitas formalis, quia sublato primo... etc. »

Remarque III.

Sur la question connexe du *péché philosophique*, cf. Viva, Trutina theolog., p. 3, in th. 2 damnatam ab Alexandro VIII, Aug., 1690 ; Theol. Wirceburg., de Peccato, n. 11 sq. ; Pesch, Præl. dogm., t. 9, n° 452 sq. — Manuels de philosophie : Cathrein, Phil. in usum schol., n. 212, 213 ; Ferretti, n° 57, 58 Schiffini, n. 139 ; Mendive, p. 121 ; M. B., Institutes, n. 82.

Seconde question.

Pour l'affirmative : Vasquez, 1-2, disp. 150, c. 3 ; pour la négative : Suarez, De Leg., lib. 2, c. 5, suivi par toute la scolastique postérieure.

Parmi les récents manuels de théologie, voir notamment : Bouquillon, Theol. fund., loc. cit. ; Tanquerey, n. 25 et 26 ; Tepe, prop. 10 ; Noldin, n. 55.

Parmi les manuels philosophiques, on consultera surtout avec fruit : Schiffini, Th. 11, surtout la 1° partie, et n. 61. : Quo sensu bonitas moralis consistere dicatur in congruentia cum natura rationali qua tali ; — Cathrein, Th. 14, dont nous avons plus haut, page 26, signalé la position et transcrit un passage intéressant. Ces deux auteurs, en faisant voir comment la nature raisonnable, *adæquate spectata*, est une norme objective, montrent par là même ce qu'il y avait de spécieux dans l'opinion de Vasquez, malheureusement compromise par des écarts de pensée et des témérités de langage. — Voir encore Zigliara, n. 9, IV et VI ; Meyer, Jus nat., n. 184 ; Ferretti, De esssntia boni malique moralis, Th. 3.

N.-B. — **Synthèse des formules :** conformité à l'ordre, conformité à la fin dernière.

En lisant attentivement Meyer, l. c., et Schiffini, l. cit., p· 97, n. 59. IV, on comprendra que : la conformité à la nature raisonnable, sagement entendue, n'est autre que la conformité à l'ordre des fins de la nature raisonnable, et par conséquent, comment cette formule se rapproche d'une autre : *la conformité à la fin dernière,* — formule plus familière au groupe des scrupuleux commentateurs de saint Thomas, soit de l'école dominicaine. ou école Thomiste au sens restreint, — soit parmi d'autres auteurs, v. gr. Ferretti, De essentia boni malique moralis, loc. cit., surtout p. 42-48, où il s'inspire fort heureusement du Contra Gentes, lib. 3, c. 128 et 129.

Troisième question.

Suarez, loc. cit., c. 6, traite expressément cette question. Il expose **deux opinions extrêmes :** *rationalisme* des uns, tels que Hugo de saint Victor, lib. 1, de Sacr., p. 6, c. 6, et 7, allégué par Grégoire de Rimini, 2 D. 34, q. 1, a. 2, dont il cite cette phrase : licet Deus non esset.... dictamen rationis.... habiturum eamdem rationem legis.... quia esset lex ostensiva malitiæ ; — d'autre part, *nominalisme* des autres : Occam, in 2, q. 19, ad 3 et 4 : nullum esse actum malum, nisi quatenus à Deo prohibetur ; Gerson, p. 3, tr. de Vit. Spirit., lect. 1, corol. 10 et 11 ; d'Ailly, in 1, q. 14, a. 3.

Puis Suarez conclut, n. 5, en faveur d'**une opinion moyenne,** celle que professent communément les théologiens : media via tenenda ; opinion qu'il résume en deux propositions : 1° contre le rationalisme : lex naturalis non solum est indicativa, sed præceptiva, n. 5-10 ; 2° contre le nominalisme : prohibitio aut præceptum.... supponit in ipsis actibus quamdam honestatem vel turpitudinem.

Voir encore Suarez, l. c., n. 24, la réponse à cette question : quam intimationem legis divinæ naturalis teneatur Deus exhibere ? — Réponse : Judicium rectæ rationis esse de se sufficiens signum... quia judicium rectæ rationis indicat de se divinam providentiam decentem Deum, et moraliter necessariam ad plenum dominium et debitam subjectionem hominis ad ipsum, in qua providentia hæc legislatio continetur.

Voir encore : dans Bouquillon, Theol. mor. fund., n. 66, un passage de Platel, Synopsis, t. 3, n. 391-395, en faveur de la terminologie de Hugues de S. Victor. Ce dernier, l. c., c. 7, s'exprime ainsi : Præceptum naturæ nos nil aliud intelligimus quam ipsam discretionem naturalem quæ intrinsecus inspirata est, ut per eam homo erudiretur de his quæ sibi vel appetenda vel fugienda fuerunt. — La critique de Bouquillon paraît n'être qu'une question de mots.

Parmi les manuels de philosophie :

Schiffini, th. 15, n. 117, et Corol. 2, n. 121 : dictamina naturalia de bono faciendo et malo vitando sunt ipsissima participatio æternæ Dei legis, quæ lex naturalis nuncupatur ; Cathrein, Phil. in usum scholarum, n. 164, Schol. 1 ; Mendive, Prop. 3, n. 245-246.

CHAPITRE III

MATIÈRE ET CONTENU DE LA LOI NATURELLE

Vue sommaire et indications générales.

Les questions qu'il nous faut étudier maintenant sont les suivantes :

Question première et directe : quelle est la matière, l'objet matériel, le contenu de la loi naturelle?

Questions immédiatement connexes : en quelles formules s'exprime ce contenu ? formules multiples ou uniques ? immuables ou changeantes ?

Reprenons en détail.

A. — **Matière et contenu** : *objets* que la loi régit ; *formules ou préceptes* correspondants à chaque catégorie d'objets.

On peut, suivant une terminologie très répandue, distinguer dans la loi naturelle : d'une part, une matière, un contenu, — d'autre part, un principe formel ou contenant.

Par ce terme, *matière de la loi*, nous entendons *les objets qu'elle régit* : soit telle et telle catégorie déterminée de réalités extérieures ou intérieures, d'actes, de puissances physiques ou morales, d'habitudes, d'institutions sociales, etc...; nous entendons aussi les diverses catégories de préceptes corrélatifs.

Remarque. — A ne consulter que certains manuels, d'ailleurs accrédités, trop fréquemment on confondra le contenant, élément subjectif et formel, avec le contenu objectif : on confondra la loi proprement dite et son objet : *lex naturalis for-maliter et subjective est in homine; sed objecta præceptorum naturalium non sunt subjective, sed objective tantum, in nostro intellectu.* Gonet, Clypeus, l. cit., disp. 3, a. 1, n. 24.

Objet général : le **bien humain**, ou bien convenable à la nature.

Sans déduction, sans discours quelconque, la raison peut appréhender, dans certains objets, leur caractère de convenance à la nature humaine, *ratio naturaliter apprehendit esse bona* : c'est-à-dire caractère de convenance à ses inclinations fondamentales ; autant de **catégories d'in-clinations**, autant de catégories d'objets, autant de catégories de préceptes.

Summa Theolog., 1-2, q. 94, a. 2 : *quæ sint præcepta legis naturalis,* et a. 3 : *utrum omnes actus virtutum sint de lege naturali.* — Un des meilleurs commentaires est celui des Théologiens de Salamanque, t. 6, disp. 1, dub. 6, n. 87 sq., surtout n. 90 : *quæcumque alicui ex prædictis inclinationibus congruunt vel repugnant, sunt per se materia moralis, et fundant moralitatem objectivam* : quippe eo ipso postulant determinari per rationem, sicut ipsæ inclinationes in sua perfectione a ratione dependent.... *Cuncta hæc sunt per se materia morum et fundant moralitatem objectivam,* eo quod ab intrinseco petunt regulari per rationem concessam homini ut sit judex et mensura cæterorum quæ ad inclinationes spectant.

Parmi les manuels, voir plus spécialement Ferretti, Th. 40, n. 134-136 ; Th. 41, n. 137-139.

B. — **Questions connexes**, étudiées par S. Thomas et Suarez.

L'étude de ces catégories logiques, de leur multiplicité et de leur réduction à l'unité, a conduit S. Thomas à se poser la question d'immutabilité dans le temps et dans l'espace (1-2, q. 94, a. 4 : *utrum lex naturalis sit una apud*

omnes ; a. 5, utrum sit mutabilis ; et a. 6, utrum possit
a mente hominis deleri), et à se demander en quel sens
ses premiers principes nous sont habituels, innés (ibid.,
a. 1, utrum lex naturalis sit habitus ; et a. 6, utrum possit a mente hominum deleri).

Cf. Suarez, t. 5, De legibus, l. 2, c. 7 : contenu, préceptes ;
c. 8, unité ; c. 10, rapport de la moralité et de la vertu ; c. 12 :
caractère prohibitif et irritant ; c. 13-15, immutabilité, dispen-
sabilité, etc...

On trouvera encore la synthèse de ces diverses questions :
distinction des principes et des conclusions, unité et immutabilité des unes ou des autres,—dans Frassen, Scotus Academicus, t. 6,
de Lege naturali, q. 2 : quotuplex sit lex naturalis. Remarquer
spécialement : Conclusio 2ᵃ : Præcepta particularia legis naturæ 'quæ ex generalibus inferuntur, ut plurimum eadem sunt
apud omnes : deficiunt tamen interdum apud plurimos, tum
quoad rectitudinem eorum, quum quoad ipsorum notitiam ; et
comparer avec saint Thomas, q. 94, a. 4. dont je donne l'analyse plus loin : 2° — troisièmement.

BIBLIOGRAPHIE

Auteurs postérieurs à Suarez.

Ces diverses questions : nature — 'unité ou multiplicité —
immutabilité — se compénètrent plus ou moins dans les divers
manuels.

Voir Zailinger, op. cit., c. 3, obligationum ac jurium naturalium genera varia, surtout § 14-16 ; — M. B., Institutes de
Droit nat., n. 142, et sqq : de l'immutabilité de la loi naturelle ;
ibid, n. 145, solution de quelques difficultés relatives à l'immutabilité, et distinction des préceptes permissifs, irritants, etc. ;
— Zigliara, op. cit., c. 3, a. 3, II, III, IV ; — Bouquillon,
Tract. 1, n. 71-72 : de dictaminibus legis naturalis ; — Meyer,
Jus naturale, l. 3, a. 5, p. 223 sq., de præcipuis legis naturalis proprietatibus : universalitas, immutabilitas ; — Schiffini,

Philos. moralis, t. I, d. 3, s. 3, de propria materia legis naturalis notationes aliquot, surtout n. 125 : lex naturalis permittens vel præcipiens ; ibid, s. 7, n. 155, et sq., de proprietatibus legis naturalis.

I

Unité et multiplicité des préceptes.

Cette question — l'unité et la multiplicité des préceptes de la loi naturelle — fait l'objet d'un passage très important, 1-2, q. 94, a. 2, d'après lequel :

Les préceptes de la loi naturelle, matériellement multiples, peuvent se ramener au principe premier de l'ordre pratique, dont deux formules équivalentes peuvent s'énoncer ainsi : Bonum est faciendum ; Ordo servandus est.

Pour le comprendre, deux remarques sont d'abord nécessaires.

Remarque I. — **La notion de l'être** est la première, et elle est incluse dans toutes les autres. Aussi le principe de contradiction « *quod non est simul affirmare et negare* » est le premier principe indémontrable, directement affirmé ; par conséquent inclus dans toutes nos affirmations. Aussi équivaut-il à l'affirmation de l'existence objective : *ens existit.* « Il reste bien le premier de tous les principes parce qu'il répond à la notion commune de l'être, telle qu'elle est perçue par les esprits de l'ignorant et du savant. » Th. de Régnon, Métaphysique des causes, p. 99. Lire, p. 97-101, tout le commentaire que cet auteur fait de la question présente, pour en tirer l'affirmation réaliste de l'être. Le principe de contradiction est un principe fondamental, âme de toutes les certitudes.

Remarque II. — De même, dans l'ordre de la raison pratique, **la notion de bien est la première** ; elle est incluse dans toutes les autres notions d'ordre pratique. Aussi le principe fondamental de cet ordre est le suivant : Le bien est la fin, nécessairement désirable, de tous les êtres. « Bonum est quod omnia appetunt. »

Sur ce parallélisme du principe de raison pratique, fondé sur l'idée du bien — et du principe de raison spéculative-fondé sur l'idée d'être, cf. Schiffini, op. cit., n° 128, p. 212, 213; et Gardair : La connaissance, p. 221-223.

Ces remarques posées :

1° Le premier précepte de la loi est : qu'il faut faire le bien, éviter le mal.

2° Il est le fondement de tous les autres, en ce sens que : la matière de ces préceptes comprend *tous les biens naturellement connus comme biens humains* : « quæ ratio naturaliter apprehendit esse bona humana ». Cf. Schiffini, op. cit., n° 123, et Ferretti, Phil. mor., n. 134-136.

3° Ces biens, que la raison pratique propose à notre recherche, ne sont autres que **les fins primaires et fondamentales** de nos inclinations naturelles. Q. 94, a. 2 : inde est quod omnia illa ad quæ homo habet naturalem inclinationem, ratio naturaliter apprehendit ut bona, et per consequens ut opere prosequenda.

Cf. Roure, Anarchie morale, p. 158 : les inclinations naturelles sont indicatrices de la loi naturelle ; et p. 162-163 : d'une certaine manière elles en font même pressentir le caractère obligatoire. — Bouquillon, Theol. mor., n. 65, et 71, envisage également les inclinations fondamentales comme indicatrices de la loi naturelle.

4° Il y a correspondance entre l'ordre des préceptes et l'ordre des inclinations naturelles. Celui-ci comprend **trois catégories** : Inclination à la conservation de l'être naturel; inclination au bien de l'espèce ; inclination à vivre selon la raison, par exemple, à connaître la vérité religieuse et à vivre socialement.

BIBLIOGRAPHIE

Voir 1-2, q. 94, a. 2 ; et les meilleurs commentateurs de la Somme en cet endroit ; — en outre : Théologie de Salamanque, t. 6, de Virtut., Tract. 11, disp. 1, dub. 6, n. 90.

La notion d'inclination est particulièrement importante pour l'intelligence de toute cette matière. Par inclination, les scolastiques paraissent avoir entendu : tantôt la nature elle-même, du moins la pente naturelle et primitive de la volonté, sa disposition habituelle, antérieure à tout acte — tantôt le premier mouvement de la volonté, mouvement spontané indélibéré, en présence d'un bien quelconque.

Voir particulièrement Grégoire de Valence, op. cit., col. 895. Pour lui les inclinations ne sont nullement des entités distinctes, mais des aspect divers de la volonté : eamdem voluntatem hominis, ut ad illa tria genera rerum se extendit, — aspects auxquels correspondent trois formalités ou degrés de la loi naturelle : tres quidam gradus legis naturæ.

Voyez encore Richard de Middletown, 2 D. 39, q. 3 : eo ipso quod voluntas habet talem naturam et determinata est ad volendum bonum absolute, cum inclinatione quam facit in ea ipsum bonum ut apprehensum, etc.... ; — saint Bonaventure, 2 D. 39, a. 2, q. 1 : affectus habet naturale quoddam pondus, dirigens ipsum affectum in appetendis, etc...

Cajétan dans son commentaire de la question 9, a. 4, où il compare l'inclination naturelle humaine à l'inclination foncière que le Créateur a mise dans tout être pour obéir à ses lois fondamentales : sicut generans grave dat gravi naturalem appetitum... ita genitor voluntatis dat ei naturalem inclinationem in bonum, etc...

La théologie de Salamanque, t. 6, tr. 12, dist. 4, dub. 1, n. 1, qui, après avoir cité ce passage de saint Thomas : aliqua inclinatio in nobis existens ad opus aliquod de genere bonorum faciendum, — distingue ensuite une triple espèce d'inclination :

inclination naturelle, antérieure à toute règle morale, susceptible de bonté ou de vice, — inclination vertueuse imparfaite,
— et inclination vertueuse parfaite.

Sur le premier mouvement indélibéré qui suit la connaissance du bien, et sur la façon dont il engendre l'acte libre, cf.
Frins, De actibus humanis, n. 162, ssq.

Outre les manuels cités (Schiffini, Ferretti, etc.) voir Bouquillon, op. cit., n. 71 ; Meyer, Institutiones juris naturalis, n. 277
sq. ; Cathrein, Philos. in usum scholarum, n. 185. — Vulgarisation récente : Gardair, les Passions et la Volonté, I : L'inclination dans tous les êtres, surtout p. 6 sqq, double inclination des êtres sans connaissance ; ibid p. 21, la faculté fondamentale d'inclination ; Roure, loc. cit. ; Sérol, Le besoin et le
devoir religieux, ch. 1, Les tendances humaines.

II

Principes et conclusions.

Dans les principes et conclusions de la loi naturelle,
nous aurons surtout à relever : d'une part, leur liaison dialectique ; d'autre part, leur double caractère de convenance
et d'obligation.

Cf. S. Th., loc. cit., et Cajétan, ibid ; Suarez, loc. cit., Grégoire de Valence, in hunc loc., Gonet, Clypeus, tract. 6, dis.
3, a. 3 : an possit dari ignorantia invincibilis ; Schmalzgruber,
Jus eccles., Diss. præm, § 2, n. 56-58 ; Wirceburgenses, t. 5,
tr. de Legibus, c. 1, a. 6.

Vues très personnelles et traditionnelles tout ensemble dans
Zallinger, op. cit., cap. 2, § 13 : distinction des préceptes et
des diverses sortes de droits : concessif, permissif, simple inclination ; ibid, cap. 3, §. 14 : obligations et droits de forme
négative et de forme affirmative ; caractère souvent indéterminé de la forme affirmative ; §. 15, droits connaturels ; § 16 :
absolu et conditionné, thèse et hypothèse.

Voir encore : M. B., Institutes, l. c. ; Meyer, Jus nat. ;
Schiffini, Phil. mor., ll. cc.

Premièrement :

On distingue communément :

A. Des préceptes premiers multiples, relatifs aux objets
primaires fondamentaux : honnêteté de telle vertu, bien de
l'individu, bien de l'espèce, bien de l'activité raisonnable,
intellectuelle ou sociale. Se rappeler ce qui vient d'être dit.

D'une façon générale, on peut dire avec Schiffini, op. cit.,
n. 127 : Ea dicuntur primis præceptis legis naturæ contineri,
adeoque primario ad legem naturæ spectare, quæ regulam honestatis omnino generalem continent et quorum rectitudo
vel est plane immediate evidens, vel tam explicita ut confes-
tim cum modica consideratione naturaliter perspici possit.

Cf. Grégoire de Valence, en cet endroit, col. 895, où il distingue : les propositions *indémontrables*, v. g., devoirs de justice et de fidélité dans le mariage, et, — d'autre part, — des
propositions *déductivement démontrables*, v. gr., injustice de
l'usure.

B. Les préceptes secondaires, immédiatement ou médiatement dérivés des primaires : quæ regulam honestatis
continent generalem quidem, sed quæ, ratione circumstantiarum, limitationem et quasi exceptionem admittant,
quæque propterea subtiliori consideratione rationis a
sapientibus judicari debent. Schiffini, ibid.

REMARQUES ET BIBLIOGRAPHIE

I. A noter dès maintenant, dans le précédent texte de
Schiffini, ces quelques mots : *ratione circumstantiarum,
limitationem et quasi exceptionem....* Ils sont la clef des difficultés relatives à l'**immutabilité de la loi naturelle.** Celle-
ci paraît changer quand, — les circonstances changeant,

— sa matière change. En réalité il n‚y a point de chan-
gement, mais applications diverses de la formule primitive.

Cf. provisoirement : Walsh, Tr. de act. hum., cap. 3, art. 2,
de fontibus moralitatis, n. 445, sq ; ainsi que Laloux, Tract. de
act. hum., diss. 7, 8. 1.

Voir aussi Meyer, Jus nat., n. 276 ; M. B., Institutes,
p. 221, V ; et voir plus loin : *Troisièmement,* analyse de q. 94,
a. 4., comment saint Thomas envisage les conclusions ou
plus exactement, comme il dit — *quasi conclusiones* — dérivées
des principes de la loi naturelle.

II. Question de terminologie : la loi naturelle au point de vue ancien.

Parmi les anciens, jurisconsultes et théologiens scolastiques, beaucoup semblent réduire aux principes premiers et immédiats le contenu de la loi naturelle. Ainsi
s'expriment entre autres : Gratien, Decret. dist. 1, n. 3 ;
Alex. de Alès, Somme III, q. 26, m. 3 ; q. 28, m. 1. ;
q. 29, m. 5 ; Gerson, De potest. eccl., cons. 13.

S. Thomas semble se placer au même point de vue
sans toutefois s'y astreindre rigoureusement. Cf. opuscu-
lum 4 ; IV D. 33, q. 1, a. 1 ; 1-2, q. 91, a. 3 ; q. 94, a. 2, et
a. 4 ; q. 95, a. 2 ; q. 99, a. 2, ad 2um ; q. 100, a. 1 ; etc.

Valentia, l. c., col. 900-902, s'occupe beaucoup de cette
question ; il reconnaît dans saint Thomas une certaine fluc-
tuation de terminologie et préfère comprendre dans la loi
naturelle les déductions elles-mêmes. Voyez aussi, ibid, col. 902,
en quel sens les premiers principes sont des propositions
immédiatement connues : non pas en ce sens qu'ils soient
toujours et nécessairement des propositions analytiques, telles
que le prédicat soit contenu dans le sujet.

Pour Scot III, D. 37, les devoirs envers le prochain ne sont
point du ressort de la loi naturelle : voir son opinion discutée par Suarez, De Leg., lib. 2, c. 15, n. 6-12.

Voir encore Ferretti, Inst. phil. mor., n. 145 ; Schiffini,
loc. cit. ; Meyer, Jus nat., th. 3o, n. 270, sq.

Secondement :

On distingue encore : **Des préceptes négatifs et affirmatifs.** (Parmi ceux-ci, des préceptes permissifs.)

Les premiers, concernant des actes absolument et intrinsèquement mauvais, obligent de façon universelle, sans
exception de temps ni de lieu.

Les autres sont déterminables et applicables comme on
vient de le dire, suivant les circonstances de temps et de
lieu, ou autres conditions individuelles.

Cf. S. Thomas, commentaire de l'Épître aux Romains,
c. 13, l. 2 — texte cité et commenté par Schiffini, Phil.
mor., n. 124; Suarez, De Leg., l. 2, c. 8, n. 8, in
finem.

Parmi les préceptes affirmatifs, il en est qu'on nomme
permissifs, ou **concessifs** : ils concernent des tendances
fondamentales de la nature humaine, bonnes, naturelles,
sans être immédiatement et absolument obligatoires ; leur
matière comprend tout acte conforme à l'ordre — *bonum
conveniens naturæ humanæ* — et par conséquent, susceptible d'être ordonné à la fin dernière : en particulier, des
actes que l'on serait tenté de ranger parmi les *indifférents*
ou *amoraux*, notamment tous ceux qui concernent les
biens du corps et la possession des biens extérieurs.

Cf. q. 94, a. 2, ad 2ᵐ et ad 3ᵐ ; Suarez, De Leg., l. 2, c. 14, n. 6 :
dicitur aliquid esse de jure naturali solum permissive, aut ne-
gative, aut concessive.... — Schiffini, l. c., n. 125, explique
bien en quoi consiste cette *permission* : non pas simplement
tolérance, *permissio facti* — mais *permissio juris* : « quod enim
sic conceditur a naturali lege, eo ipso est ejusmodi ut honeste
exerceri possit, adeoque convenienter ad ultimum finem con-
sequendum ». — Cf. Zallinger, l. c. §. 13, 14, 16.

Matières des lois permissives.

Quels sont plus précisément les objets auxquels s'appliquent les lois permissives ?

On peut signaler entre autres :

1° — Les biens d'ordre matériel, physique, utilitaire au sens péjoratif, biens secondaires, inférieurs au bien moral strictement dit.

2° — D'autre part, les biens supérieurs eux-mêmes, dans beaucoup de cas, où leur réalisation, leur exécution n'est pas obligatoire, mais facultative, objet de « conseil ».

Je m'explique :

1° — Biens secondaires inférieurs, d'ordre matériel, utilitaire. Rentrent par conséquent dans cette catégorie tous les objets des lois que les moralistes et les sociologues appellent **historiques** ou **directives**. Ces lois expriment : 1° les objets primaires ou secondaires de nos inclinations humaines ; 2° la façon dont ces inclinations se comportent en fait, toutes choses égales d'ailleurs, dans tel milieu, dans telle circonstance donnée.

Cf. Antoine, Cours d'Économie sociale, 1908, p. 16-17 : les lois de l'économie politique ; — Duthoit, Vers l'organisation professionnelle, 1910, p. 22-24 : les « lois économiques naturelles ».

2° — Biens supérieurs, vertus, actes conseillés. En général les lois permissives contiennent plus qu'une simple affirmation ou simple permission. Elles entraînent une double indication et une double obligation : 1° légitimité, donc inviolabilité — réelle bien que limitée — de l'inclination humaine qui est en jeu ; — 2° obligation relative au mode d'action : l'acte permis, légitime, si indéterminé qu'il soit, pourra et devra se réaliser sous certaines conditions de conformité à l'ordre. De cette façon, *la matière des vertus rejoint la matière de la loi naturelle*, et même,

en un sens, *coïncide avec elle*, comme le montre S. Thomas,
q. 94, a. 3 : Utrum omnes actus virtutum sint de lege
naturæ : comparez q. 100, a. 2 : Utrum præcepta mora-
lia legis sint de omnibus actibus virtutum, — où l'on voit
que la matière de la loi naturelle et des vertus s'étend
d'une part, à ce qui est de précepte, et d'autre part, à ce
qui est de conseil.

Voir encore S. Thomas, 4 Dist. 13, q. 1, a. 3, q. 1, ad 4um ; —
Suarez, de Leg., l. 2, c. 7, n. 11, an omnes actus virtutum cadant
sub naturalem legem ; ibid., n. 12 : an in omni virtute sit
naturale præceptum obligans aliquando ad illius exercitium ;
— Sylvius, in 1-2, q. 94, a. 2, d'après lequel la loi naturelle, bien
qu'universellement imprimée au cœur de tous les hommes,
y présente pourtant quelque différence, par son caractère
d'obligation inégale, plus ou moins explicite : tantôt impar-
fait et *in actu primo*, tantôt parfait et *in actu secundo* ; — Cajétan
à cet endroit de la Somme ; — Zallinger, loc. cit.

Parmi les manuels modernes, voir surtout Schiffini, Phil.
mor., t. I, n. 125 ; il cite, p. 212, note, un intéressant texte de
Cajétan. — Ferretti, op. cit., p. 386-388, cite divers textes de
S. Thomas et de Suarez.

Troisièmement :

Les conclusions dérivées de la loi naturelle : leur rectitude constante, dans leur diversité même.

Analyse de la q. 94, a. 4 :

S. Thomas considère ces préceptes dérivés comme des
conclusions — *quasi conclusiones* — des premiers principes ;
et dans 1-2, q. 94, a. 4, par une comparaison fort approfondie des deux ordres de raison, *spéculative* et *pratique*,
il en fait voir la similitude et la différence en ce qui touche
soit la rectitude objective, soit la connaissance subjective.

La « *rectitude morale* » est conditionnée objectivement
par la diversité des cas particuliers, auxquels surviennent
des causes restrictives, des impedimenta logiques ; ces

diversités, ces restrictions sont d'autant plus considérables que l'application des règles générales se fait à des cas plus spéciaux : *Ex hoc principio sequitur quasi conclusio propria quod deposita sint reddenda. Et hoc quidem ut in pluribus verum est : sed potest in aliquo casu contingere quod sit damnosum et per consequens irrationabile.... Et hoc tanto magis invenitur deficere quanto magis ad particularia descenditur....* Ibid.

N.-B. — Le défaut dont il s'agit (*defectus*) n'indique point une violation ou contradiction des principes, mais bien une adaptation, ou, si l'on veut, un certain fléchissement. Mais ce fléchissement même est conforme à la rectitude : on ne dit pas que la rectitude soit absente en ce cas, mais qu'elle est **diverse pour des cas divers,** pour des groupes d'hommes divers : *non est eadem rectitudo apud omnes,* — et cela à cause des circonstances qui conditionnent le cas particulier : *quanto enim plures conditiones apponuntur, tanto pluribus modis poterit deficere.*

Voir une doctrine analogue — immutabilité de l'ordre de justice, compatible avec des modalités contingentes : 1-2, q. 100, a. 8, ad 1, et ad 2 ; — de même 4 D. 33, q. 1, a. 2.

Voir aussi parmi les manuels modernes : Walsh, De act. hum, cap. 3, a. 2, n. 445 ; — Laloux, Tract. de act. hum., diss. 7, s. 1 ; Cathrein, Phil. in usum schol., n. 183.

La connaissance subjective est conditionnée par les qualités morales et intellectuelles du sujet et aussi par l'état intellectuel et moral du milieu où il vit. Cf. ibid. ; et a. 6.

De cette double source (qualités du sujet — héréditaires ou strictement personnelles — état du milieu) peuvent découler certaines ignorances de la loi naturelle, et certaines déformations de conscience : tel est l'objet de la fameuse controverse relative à *la connaissance des premiers principes de la loi naturelle.*

Sur la connaissance des préceptes de la loi naturelle : principes premiers — conclusions plus ou moins éloignées :

S. Thomas, Somme Théolog., 1-2. q. 94, a. 6 ; q. 100, a. 1 ; 4 D. 33, q. 1, a. 1 et 2 ; de Verit., q. 16, a. 3.

Suarez, in 1-2, tr. 2, d. 4, n. 21 ; et De Legib., l. 2, c. 8, n. 7 ; Vasquez, in 1-2, disp. 120, c. 4 ; disp. 123, c. 2 ; Gonet, op. cit., disp. 3, a. 3 : an possit dari ignorantia invincibilis juris naturæ ?

Lacroix, l. 1, n. 720 sq ; Thyrsus Gonzalez, Fundam. dissert., 11, c. 5 ; S. Alphonse, l. 1, n. 170-174.

Bouquillon, Theol. mor. fund., n. 78, 79 ; du même : la dissertation : De l'ignorance invincible des conclusions de la loi naturelle ; Noldin, n. 93, 94 ; Tanquerey, Theol. mor. fund., n. 231-233.

Ferretti, Phil. mor., t. I, n. 146-148 ; Meyer, Jus. natur., t. I, n. 270-273 ; Cathrein, Phil. in usum sch., 187-182.

C'est principalement à l'occasion de l'unité et de l'indissolubilité du mariage, que les théologiens ont agité les questions relatives à l'unité et à l'immutabilité de la loi naturelle.

Consulter : S. Thomas, 1-2, q. 94, a. 4 et 5 ; et les endroits parallèles, surtout : I D. 47, q. 1, a. 2 ; III D. 37, q. 1, a. 3, utrum omnia legis præcepta ad hæc decem ordinentur ; IV D. 33, q. 1, a. 1, utrum habere plures uxores potuerit aliquando esse licitum ; S. Bonaventure, I D. 47, a. un., q. 4 ; Suarez, de Legibus, l. 2, c. 13-16, de mutabilitate vel dispensatione per divinam et humanam potestatem ; Neubauer, dans la théologie de Wurtzbourg, c 1, a. 5.

Perrone, De matrimonio christiano, l. 3, s. 1, c. 1 ; s. 2, c. 1 ; Palmieri, De matrimonio, Th. 14 et 16 ; Lehmkuhl, Theol. mor., t. 2, 697 sq. ; Tepe, Theol. mor. gen., t. I, p. 152-170 ; Bouquillon, op. cit., n. 73, 74 ; Noldin, t. 1, n. 95.

Cathrein, Phil. moral. in usum schol., p. 141-147 ; Ferretti, Instit. phil. mor., t. I, p. 391-405 ; Meyer, op. cit., t. I, p. 232-235 ; Schiffini, t. I, n. 156-157 ; Taparelli, Essai de droit naturel, l. 7, c. 2, n. 1543.

III

Le principe premier.

Diverses formules : identité entre l'ordre rationnel des devoirs et l'ordre des vertus.

Nous avons déjà parlé du premier principe de la raison pratique :

Bonum est faciendum. — Il peut encore être exprimé sous d'autres formules équivalentes :

Vivito conformiter ad naturam humanam adæquate spectatam, id est, secundum essentiales respectus quam illa sustinet tum erga seipsam, tum erga cætera entia. — Cf. Schiffini, et d'autres manuels.

Ama Deum super omnia et proximum sicut teipsum ; — ama Deum ut finem et cætera propter ipsum. C'est le point de vue de saint Augustin. Cf. De disciplina christiana, n. 3, 5, 6.

Rectum naturæ rationalis ordinem tanquam divinitus sanctum servato (formule de Meyer, l. c.).

Cette dernière formule fournit vraiment un principe formel, raison dernière de tout précepte et de toute obligation naturelle ; un principe matériel, premier dans l'ordre déductif et universel, c'est-à-dire contenant implicitement tous les devoir naturels, — un principe *per se notum*, c'est-à-dire premier et se suffisant à lui-même dans l'ordre pratique, dans l'ordre de connaissance de la loi, — bien que dans un autre ordre, l'évidence des principes spéculatifs puisse être tenue comme antérieure. Cf. Meyer, l. c., n. 281.

Sont équivalentes encore les formules : observer l'ordre, — vivre selon la raison, — vivre selon la vertu.

En effet, observer l'ordre, c'est d'abord agir selon la loi naturelle, c'est agir selon l'ordre des inclinations tout à la fois raisonnables et primitives ; en d'autres termes, agir selon la raison et selon la vertu : « Ad legem naturæ pertinet omne illud ad quod homo inclinatur secundum suam naturam... (Atqui) unumquodque inclinatur naturaliter ad operationem sibi convenientem secundum suam formam.... » Ergo « naturalis inclinatio inest cuilibet homini ad hoc quod agat secundum rationem et hoc est agere secundum virtutem » S. Th., 1-2, q. 94, a. 3.

Cf. Roure, Doctrines et problèmes, ch. 7, Vertu kantienne et Vertu chrétienne ; Sérol, Le besoin et le devoir religieux, p. 24, sq. : Tendances à l'ordre.

C'est encore, dans un sens plus large, nous porter vers des objets dont l'utilité pour bien vivre, la connexion avec l'observation générale de l'ordre, nous est démontrée par une enquête rationnelle.

Cette idée : utilité pour bien vivre — utilité rationnelle et ordonnée — est capitale chez S. Thomas : multa secundum virtutem fiunt ad quæ natura non primo inclinat ; sed per rationis inquisitionem homines adinvenerunt quasi utilia ad bene vivendum. Ibid. — Il faut dans ce passage bien remarquer la distinction entre les objets primaires de nos inclinations — et les objets secondaires où la réflexion nous fait voir des moyens « quasi utilia » pour obtenir les fins primaires.

BIBLIOGRAPHIE

S. Thomas, 1-2, q. 94, a. 2, et ses commentateurs.
C'est surtout vers la fin du xviiᵉ siècle que cette question suscita d'assez vives polémiques : « Quæstio hæc quam est hodie celebris, tam est obscura, » dit Neubauer, dans la Théologie de Wurzbourg, tr. de Leg., c. 1, a. 4 : de principio intrinseco et ultimo ; et il rapporte les sentiments de divers auteurs récents : Grotius, Puffendorf, Thomasius, Wolf, etc..., et des théologiens catholiques Schwartz, Biner, etc... -- Neubauer

conclut à un double principe : principium cognoscendi juris naturalis immediatum est recta institutio naturæ rationalis; mediatum et ultimum sunt infinita Dei sanctitas, aliæque perfectiones divinæ.

Voir encore :

Goldhagen : Juris naturæ et gentium principia, opusc. 1, dans Zaccaria, Thesaurus theol., t. 2, p. 31, et sqq. : discussion et rejet des principes divers proposés par Grotius, Puflendorf, Cumberland, Heinnecius, Wolf.

Zallinger, Inst. jur. nat., c. 4 : obligationes et jura naturæ reducuntur ad unum principium generale, — quelques remarques utiles sur l'origine de la controverse, sur la distinction entre le principe ontologique (*principium essendi*) et le principe logique (*principium cognoscendi*). D'après Zallinger, le premier principe logique est la considération de la nature raisonnable. Berti, Theol. disciplina, lib. 20, c. 4, prop. 3.

Manuels et ouvrages modernes :

Voir surtout : Meyer, Jus. nat., t. I, n. 277, sqq. ; et Schiffini, Philos. mor., loc. cit. ; Roure, Doctrines et problèmes, ch. 7, Vertu chrétienne et vertu kantienne.

En outre : M. B., Institutes, n. 87, 88, 89; Roselli, Summa philosophica, III, n. 291 ; Liberatore, Ethica, n. 99; Bouquillon, Theol. mor. fundamentalis, n. 70 ; Ferretti, Inst. philos. mor. t. I, p. 143-144 ; M. d'Hulst, Conférences de 1891, 4ᵉ Conf., la morale et le devoir, avec la note 29, p. 399 sqq. ; P. de Pascal, Philos. mor., t. I, p. 195, sq., ch. 8, l'impératif moral.

QUATRIÈME ÉTUDE

LA
CONNAISSANCE DES ACTIONS SINGULIÈRES

CHAPITRE PREMIER

GÉNÉRALITÉS

De la raison pratique et de ses procédés :
Jugement de conscience et vertu de prudence.

Distinction des deux ordres : spéculatif et pratique.
On peut avec Aristote et saint Thomas, Ethicor., lib. 6, lect. 1, distinguer dans l'âme raisonnable deux sortes de mouvements : le mouvement scientifique ou spéculatif au sens restreint, et le mouvement ratiocinatif ou délibération. Le premier est le mouvement par où l'âme contemple les « *raisons nécessaires* » : potest dici scientificum genus animæ, quia de necessariis est scientia ; l'autre a exclusivement pour objet les *œuvres humaines*, matières contingentes : alia potest dici ratiocinativa, secundum quod ratiocinari et consiliari pro eodem sumitur. Nominat enim consilium quamdam inquisitionem nondum determinatam sicut et ratiocinatio. Quæ quidem indeterminatio maxime accidit circa contingentia, de quibus solis est consilium.

A noter pourtant une double connaissance des êtres contingents, selon qu'on envisage leurs raisons universelles, immuables, ou bien leur être particulier, variable : pour ce dernier mode, l'intelligence ne saurait se dispenser de la médiation des puissances sensibles.

Universales quidem igitur rationes contingentium immutabiles sunt et secundum hoc de his demonstrationes dantur... Alio modo possunt accipi contingentia secundum quod sunt in particulari : et sic variabilia sunt nec cadit super ea intellectus nisi mediantibus potentiis sensitivis, loc. cit.

I

La raison pratique.

1° Mode de présentation de son objet.

A. — On a déjà vu que le bien humain, le bien qui meut notre appétit, est le bien présenté par la raison, *bonum rationis*, soumis aux conditions de la connaissance rationnelle.

C'est le **bien convenable :** par son mouvement de délibération, la raison cherche dans quelle mesure pourra et devra être obtenu ce bien convenable.

Cf. Eth. lib. 6., lect. 1, de recta ratione, seu virtute intellectuali secundum quam medium determinatur.

Voir aussi Ethic. l. 2, lect. 7, en quel sens la vertu, la rectitude de jugement et de conduite sont une question de mesure : rectitudo.... non erit nisi in omnibus circumstantiis debito modo ordinatis. Et ideo sicut sanitas vel pulchritudo contingit uno modo, ægritudo autem et turpitudo multis, imo infinitis modis ; ita etiam rectitudo operationis uno solo modo contingit ; peccatum autem in actione contingit infinitis modis.

B. — Et la convenance est précisément le **signe** qui permet de reconnaître qu'on a réalisé *la mesure* ou qu'on l'a dépassée.

Eth. l. 6, l. 1 : — In omnibus prædictis habitibus, est aliquod quasi signum ad quod respicit ille qui habet rectam rationem; et sic intendit et remittit, — id est, addit vel minui: vel considerat per hoc signum quis est terminus medietatis, — id est, quomodo debeat determinari medietas in unaquaque virtute. Hoc autem *signum est id quod decet et convenit.*

Mais ce bien ainsi présenté, ce bien objectif, cet objet qui meut la volonté, n'est pas nécessairement le vrai bien ; il peut être simplement le **bien apparent.**

Nam scientia moralis est de actibus voluntariis : voluntatis autem motivum est non solum bonum, sed apparens bonum. Eth. 1, lib. 3. — Voir aussi Jean de S. Thomas, t. 6, disp. 12, de Conscientia, n. 32 : definitio probabilis, — quod apparet.

C. — Et par suite, ce bien — vrai ou apparent, — cet objet de la raison pratique, est connu d'une connaissance probable, schématique, vraisemblable, *figuraliter et verisimiliter.* Eth. 1, lect. 3.

Il faut faire grande attention au sens de ces mots chez saint Thomas et chez les commentateurs d'Aristote.

Connaissance probable, — certitude probable : celle qui convient aux choses morales, en tant que ces objets sont contingents et variables :

In actibus humanis, super quos constituuntur judicia et exiguntur testimonia, non potest haberi certitudo demonstrativa, eo quod sunt circa contingentia et variabilia ; et ideo sufficit probabilis certitudo, quæ in pluribus veritatem attingit, etsi in paucioribus a veritate deficiat. 2-2æ, q. 70, a. 2.

Connaissance figurée, schématique : celle qui consiste à procéder synthétiquement, à utiliser pour la connaissance des cas singuliers la connaissance préalable des principes abstraits et simples. Connaître ainsi le singulier par ses

principes abstraits, c'est le connaître synthétiquement,
c'est aussi le connaître *en gros*, par voie de représentation
schématique et symbolique.

Cf. S. Th., Ethic., lib. I, l. 3 ; — Albert le Grand, 1 Ethic.,
tr. 4, initium ; S. Antonin, Summa, p. 1, tit. 3, c. 10, qui distingue la certitude morale ainsi comprise de l'évidence obtenue par voie de démonstration proprement dite ; Gerson, de
Contr. p. 2, pr. 13, et Tract. de præparatione ad missam, con-
sid. 3 ; Bouquillon, Theol. mor. fundam., de Conscientia,
n. 262, qui fait voir comment à cette connaissance synthétique
et partielle appartiennent légitimement la certitude morale et
la probabilité, telles que l'entendaient les meilleurs des probabilistes : Suarez, Terillus, Viva, Collet, etc., — d'accord avec
la terminologie et la conception même de S. Alphonse, De conscientia, n. 55, sqq.

Connaissance vraisemblable, conjecturale,— non au sens
péjoratif de la terminologie moderne, — mais au sens
beaucoup plus favorable de la terminologie ancienne.

Cf. surtout : Ethic., lib. I, lect. 3 : Deinde oportet ostendere
veritatem *figuraliter*, id est *verisimiliter*, et hoc est procedere
ex propriis principiis hujus scientiæ ; et les autres références
qui viennent d'être données.

2ᵉ : **Les conclusions de la raison pratique ;** leur caractère
synthétique et singulier ; leur objet practico-pratique.

La conclusion de toute délibération, — le jugement
practico-pratique qui commande tout acte humain, — a
pour objet *l'action singulière connue dans toutes ses circonstances*, — plus exactement la moralité, la licéité, ou
l'obligation de cette action singulière.

Cette conclusion vise donc l'**action complète**, telle qu'elle
apparaît *hic et nunc*, dans le champ de la conscience délibérante, à l'instant même de l'exécution. Elle est **synthétique**, tandis que les jugements précédents, ne considérant

la moralité que sous des aspects généraux, ont forcément un caractère partiel et fragmentaire. Elle est immédiatement pratique, *practico-practica*, tandis que les jugements précédents, dits jugements *speculativo-pratiques*, n'ont avec la pratique qu'un rapport plus lointain, *remote practicum*.

La conclusion practico-pratique peut se formuler ainsi : il m'est bon présentement d'agir ainsi ; je dois présentement agir ainsi.

Elle a donc pour objet non pas l'acte objectif, mais la droiture subjective de l'être agissant : non rem, sed appetitum rectum.

BIBLIOGRAPHIE

De la notion de raison pratique ; et de la distinction des deux ordres, spéculatif et pratique :

1º *Point de vue subjectif,* — unité de faculté, — distinction des habitudes.

Voir d'abord la distinction de l'intellect spéculatif et de l'intellect pratique dans S. Thomas 1, q. 79, a. 11 ; et les endroits parallèles : 3 D. 23, q. 11, a. 3, quæst. 2.; De Veritate, q. 3, a. 3; De anima, l. 3, l. 15. — Voir aussi le mot *Intellectus* dans *l'Index* des œuvres de S. Thomas.

La notion de raison pratique est expliquée très profondément, d'après Aristote, dans Ethica, l. 6, l. 1 : de recta ratione seu virtute intellectuali secundum quam medium determinatur. On peut en trouver une théorie plus concrète dans 1-2, q. 57, a. 3, 4, 5 consacrés aux deux habitudes de la raison pratique : l'art qui est *recta ratio factibilium* ; et la prudence, *recta ratio agibilium*.

Cf. encore : Pavone, Summa Ethicæ, d. 1, q. 2, de moralis disciplinæ divisione in speculativam et practicam, surtout prop. 1; ibid., q. 4, pr. 1.

Enfin, les divers commentateurs de la Somme aux endroits indiqués.

2º *Point de vue objectif* : vrai spéculatif, et vrai pratique.

Sur la différence entre l'objet de l'intelligence pratique et

celui de l'intelligence spéculative, cf. 1-2, q. 57, a. 5, ad 3ᵘᵐ ;
et Ethic., l. 6, lect. 2.

Cette différence est soigneusement étudiée et précisée par
ceux des moralistes que préoccupe l'exactitude philosophique.
Voyez par exemple, outre les passages de S. Thomas, ci-dessus
allégués: Suarez, 1-2, tr. 3, d. 12, s. 2 ; Bécan, Tractatus de
act. hum., cap. 4, q. 5, n. 6-8; — plus récemment : Ballerini-
Palmieri, n. 3, 4, 5, 6 et 11, où est sigalé et réfuté le point de
vue Rosminien ; — Schiffini, de Virtutibus infusis, n. 313, 2°,
et n° 314 ; et du même, Metaphysica specialis, n. 262.

Remarque importante.
**Comparaison de la raison spéculative et de la raison
pratique.**
Universalité de leurs principes et de leurs conclusions.
On a vu plus haut, p. 95, par l'analyse de quest. 94, a. 4 :
qu'il y a dans l'ordre de la raison pratique, *un procédé déductif*,
analogue à celui de la raison spéculative, l'une et l'autre raison
partant de principes généraux (*communia principia*) pour en
formuler l'application à des cas particuliers (*propria*).

Mais, il faut tenir compte d'une différence importante :
d'une part, nécessité inhérente aux objets habituels de la raison
spéculative (ratio speculativa præcipue negotiatur circa neces-
saria); — d'autre part, contingence des vérités de l'ordre *pratique* ; par conséquent, lorsqu'on en vient aux applications
particulières, il faut s'attendre à un fléchissement des formules
(*defectus*), à une certaine adaptation des principes : quanto
magis « ad propria descenditur, tanto magis invenitur defectus ».

En conséquence, tandis que les premiers principes (communia) sont universellement et uniformément connus,
il n'en est pas de même des conclusions dans l'ordre
spéculatif, elles sont *uniformément* connues, mais non pas
universellement; dans l'ordre pratique, il n'y a pas uniformité des déductions (nec eadem veritas seu rectitudo apud
omnes) ; et en supposant l'uniformité *relative* à un lieu ou

à un groupe d'hommes déterminé, il n'y a pas, dans ce lieu ou dans ce groupe, égale perfection de connaissance : » nec est eadem veritas seu rectitudo apud omnes, nec » etiam apud quos est eadem, est æqualiter nota. »

II

Du jugement de conscience.

A. — Pour juger de la rectitude de l'acte humain dans un cas concret et singulier, la conscience applique les connaissances générales habituellement possédées : premiers principes, ou généralisations morales de toute nature et de toute provenance. — Cette application a tantôt le caractère d'un examen relatif aux actes passés, tantôt celui d'une appréciation directe en vue de l'acte, de la période d'exécution prochaine.

Entendu de la sorte, le prononcé de la conscience est un acte d'intelligence.

B. — La conscience diffère de la *syndérèse* (habitude ou disposition intellectuelle, trésor des premiers principes). Elle diffère aussi de la science morale, c'est-à-dire de toute proposition offrant un certain caractère de généralité. On peut cependant la considérer comme la conclusion d'une sorte de syllogisme, d'un « discours » partant d'une *majeure* (premier principe fourni par la syndérèse) empruntant à la raison (supérieure ou inférieure, cf. 2, D. 24, q. 2 à 4) une proposition de généralité intermédiaire, pour aboutir à l'application particulière.

Suarez (1-2, tr. 3, disp. 12) la définit : actuale et practicum judicium intellectus discernentis de rebus agendis inter bonum et malum, turpe et honestum, præceptum vel prohibitum.

C. — La conscience est ainsi la règle pratique et immédiate des actes humains. Son efficacité n'est point indépendante, autonome, mais dérivée et dépendante d'une règle antérieure et supérieure.

S. Bonaventure (2 D. 39, q. 1, a. 3, ad 3ᵘᵐ) la représente comme un message vivant : præco Dei et nuntius. S. Thomas (de Verit. q. 17, a. 3) fait voir un double élément de son efficacité : *autorité* et *connaissance rationnelle* — *præceptum* et *notitia præcepti*. — Le précepte s'impose du dehors; par la connaissance rationnelle de l'autorité et de ses titres, l'autorité se rend acceptable à l'homme, conforme à sa nature sociale raisonnable. Et de la sorte, indissolublement unis dans la *réalité pratique et concrète*, ces deux éléments intègrent un seul et même principe efficace d'obligation : eadem virtus est qua præceptum ligat et qua conscientia ligat, cum præceptum non liget nisi per virtutem scientiæ, nec scientia nisi per virtutem præcepti. Unde cum conscientia nihil aliud sit quam applicatio notitiæ ad actum, constat quod conscientia ligare dicitur vi præcepti divini.

BIBLIOGRAPHIE : DU JUGEMENT DE CONSCIENCE

1° Sources principales.
A. Avant Pierre Lombard.
Les scolastiques antérieurs au xIIIᵉ siècle n'ont guère étudié le sujet de la conscience. Cf. Simar, Die Lehre vom Wesen des Gewissens, p. 5, sqq. On trouvera surtout dans Migne les trois traités suivants, plutôt ascétiques que proprement théologiques : Libellus de conscientia, œuvre d'un anonyme, P. L., t. 213, p. 903, sqq. ; Liber de conscientia, ad Alcherum monachum Claravallensem, composé par Pierre de Celles, P. L., t. 202 ; Tractatus de interiori domo, seu de conscientia ædificanda, par un inconnu, contemporain de S. Bernard, P.-L., t. 184.

Peu de chose chez Robert Pullus, Pierre Lombard, Pierre de Poitiers. On trouve davantage dans Alexandre de Alès, Somme, IIᵃ P., q. 74, et q. 121 ; puis dans les commentateurs des Sentences de Pierre Lombard, 2 Dist. 24, et surtout 2 Dist. 39.

B. **Les commentateurs de Pierre Lombard.**

Voyez notamment :

S. Bonaventure, dist. 39, a. 1, nature et origine de la conscience, — la syndérèse, scintilla conscientiæ ; a. 2, caractère intellectuel ou affectif de la syndérèse.

Richard de Middletown, dist. 39, a. 1, distinction de la volonté spontanée et de la volonté délibérante ; a. 2, caractère intellectuel ou affectif de la conscience ; a. 3, caractère intellectuel ou affectif de la syndérèse.

Gilles de Rome, d. 39, q. 3, analyse du syllogisme délibératif, ou syllogisme de conscience, analogue au syllogisme de spéculation, — rôle de la raison supérieure et de la raison inférieure.

Scot, d. 39, q. 1, et q. 2, réfute le volontarisme de Henri de Gand, qui attribuait à la volonté la syndérèse et la conscience.

Capreolus, d. 39, q. 1, réfute le volontarisme de Durand de Saint-Pourçain. Définition et rôle de la conscience ; son caractère intellectuel ; dans les actes de l'intelligence il peut y avoir culpabilité, toutefois à moindre titre, minus proprie, que dans les actes de volonté.

Voyez aussi dans leurs Commentaires des Sentences : Pierre de Tarentaise, Durand de Saint-Pourçain, Denys le Chartreux. Gabriel Biel, Estius, etc....

C'est dans Albert le Grand et dans S. Thomas qu'il faut surtout chercher les sources de cet important traité : Albert le Gr., Summa de creat. p. 2, de homine, q. 69-70 ; Commentaires sur les Sentences : 2 D. 5, a. 6 ; d. 24, a. 14 ; Summ. Theolog., p. 2, q. 99.

C. **S. Thomas et ses commentateurs.**

S. Thomas, I, q. 79, a. 12, 13 ; 1-2, q. 19, a. 5 ; Verit., q. 16, q. 17 ; Quodlib., 3, a. 26, et 27.

Cf. Strobel, Die Lehre des seligen Albertus Magnus über das Gewissen ; Lauer, Die Gewissenslehre Alberts d. Gr., in Philos. Jahrbuch, t. 17, 1904, 53 sq. 184 sq. ; Appel, Die Lehre der Scholastiker von der Syntcresis, p. 28, sqq.

C'est à propos de la q. 19, que les commentateurs de S. Thomas étudient la conscience. D'ailleurs, quand ils ne s'astreignent pas à commenter la Somme, les moralistes composent le traité de la conscience, et le rangent parmi les traités actuellement compris sous la rubriqne : Théologie morale fondamentale. — Parmi les commentateurs de la 2ᵉ partie de la Somme, indiquons : surtout Suarez, in 1-2, tr. 3, disp. 12 ; puis Vasquez, Valentia, Tanner, Sylvius, Arriaga, Ysambert, Jean de Saint Thomas, Arauxo, Salas, Coninck, Gonet, Gotti, Billuart, etc...

Parmi les moralistes, moins directement dépendants de la Somme, je me contente de signaler : Esparza, Platel, Sylvester Maurus, la théologie de Wurtzbourg, Tournely, Habert, Witasse. Comme représentant des idées scotistes, Frassen ; pour l'école Augustinienne, Berti.

D. S. Alphonse de Liguori et l'époque postérieure.

Laissons de côté, pour le moment, l'abondante littérature des querelles probabilistes. Je ne signalerai, à la suite de S. Alphonse, que les moralistes auteurs d'études sur la théologie fondamentale, ou ceux du moins qui s'en préoccupent dans leurs traités casuistiques.

Le grand ouvrage de saint Alphonse portait d'abord pour titre : Medulla theologiæ moralis R. P. Busembaum S. J. cum annotationibus per R. P. D. Alph. de Liguori adjunctis. — Plus tard ce titre fut ainsi modifié : Theologia moralis concinnata a R. P. Alph. de Liguori... per appendices in medullam R. P. Hermani Busembaum, S. J. — S. Alphonse, dans son *Monitum ad lectorem*, nous avertit lui-même que c'est un commentaire, mais un commentaire personnel et libre dans ses allures. Dans sa *Préface*, il indique ses sources doctrinales : « S. Thomas, Lessius, Sanchez, Castropalao, Lugo, Laymann, » Bonacina, Viva, Croix, Roncaglia, et quelques autres, sur- » tout les théologiens de Salamanque, qui, de l'aveu général, » traitent ces matières avec abondance et remarquablement : » je les ai pratiqués plus que tous les autres, *inter ceteros fre-* » *quentius familiares habui*, — à ce point que l'on pourra » trouver ici, en raccourci, tout ce que ces auteurs

» ont longuement discuté dans leurs nombreux volumes. »

Parmi les éditions récentes : celles du P. Michel Heilig, Paris, 1845 ; de Haringer, Ratisbonne, 1879 ; du R. P. Léonard Gaudé, C. S. S. R., Rome, 1905.

Le premier traité y est consacré à *la conscience*.

Parmi la foule de ses disciples et interprètes postérieurs, citons seulement : les moralistes auteurs d'études sur la Morale fondamentale, ou ceux du moins qui, dans leurs traités casuistiques, accordent plus de place à la discussion des principes. A ce titre, il nous semble devoir citer : Ballerini et son éditeur Palmieri ; Muller, Bouquillon, Bucceroni, Tepe, Didiot, Walsh, Frins, Tanquerey. — Voyez la Bibliographie générale.

2° Du mouvement discursif, ou quasi-syllogisme qui aboutit au jugement de conscience.

Sur le « *quasi-syllogisme* » qui aboutit au jugement moral, voir d'utiles références et de bonnes remarques dans Bouquillon, op. cit., n. 255.

Cet auteur met judicieusement en relief deux textes de S. Thomas. Le premier : 2 D. 24, q. 2, a. 5 : quia universalia principia juris ad synderesim pertinent, [rationes autem magis appropriatæ ad opus pertinent ad habitus, quibus ratio superior vel inferior distinguitur, synderesis in hoc syllogismo quasi majorem ministrat... sed minorem ministrat ratio superior vel inferior et ejus consideratio est ipsius actus... ; — le second : 1-2, q. 76, a. 1 : Conferens de agendis utitur quodam syllogismo... ; conclusio syllogismi operativi est singularis. Singularis autem propositio non concluditur ex universali nisi mediante aliqua propositione singulari.

Bouquillon fait remarquer que les deux textes se complètent, l'un mettant en relief le procédé déductif, l'autre indiquant expressément *le fait singulier*, condition nécessaire pour aboutir à l'élection particulière.

D'ailleurs on voit souvent revenir chez S. Thomas, *la théorie du quasi-syllogisme*, ou du moins le fonds essentiel de cette théorie, à savoir la distinction d'une double science : universelle et particulière, — [double science où se résume toute la connaissance nécessaire pour faire une élection droite. Ces vues spéciales, S. Thomas les utilise surtout contre l'intellectualisme de l'école Socratique et des Stoïciens.

On retrouvera le germe de ces idées chez Aristote : S. Thomas commentant celui-ci, Ethic. 7, lect. 3, explique les réponses faites à cette difficulté : An recte existimans incontinenter agat et quomodo ?

Voir aussi des textes nombreux : I, q. 86, a. 1, ad 2ᵐ : Universalis ratio intellectus practici non movet nisi mediante particulari apprehensione sensitivæ partis, etc.., ; de Verit., q. 10, a. 5 : ut sic fiat quidam syllogismus, cujus major sit universalis, quæ est sententia mentis, minor autem singularis, quæ est apprehensio particularis rationis, etc... ; de Malo, q. 3, a. 9 : necesse est ut in quolibet... sit quædam deductio quasi-syllogistica.... aliter syllogizat temperatus... aliter intemperatus, etc....

Etudier ces textes et quelques autres : 1-2, q. 77, a. 2 ; 1-2, q. 24, a. 2 ; 1-2, q. 24, a. 8, etc..., rassemblés et commentés dans Capreolus, t. 5, dist. 36, q. 1, a. 3, ad argumenta Scoti, p. 427, sqq.

III

De la prudence.

Rôle décisif du jugement de prudence. Sa notion, sa nécessité.

Par la vertu intellectuelle de prudence, on connaît facilement et promptement la solution particulière, l'application spéciale des principes généraux à chaque cas particulier.

Cf. Sum. Theolog, 2-2, q. 47, a. 1 : Utrum prudentia sit in vi cognoscitiva ; ib., a. 2 : utrum pertineat solum ad rationem practicam an etiam ad speculativam, et a. 3, utrum sit cognoscitiva singularium.

Elle est d'usage courant et de nécessité habituelle, à cause de *l'infinie diversité des cas*, qui déroute notre raison finie : inde est quod sunt « incertæ providentiæ nostræ, » Sapientia, 9, — et encore, à cause de son indispensable connexion avec les autres vertus. Saint Grégoire, Morales, l. 22, c. 1 : Cæteræ virtutes nisi ea quæ appetunt prudenter agant, virtutes nequaquam esse possunt.

Nature intime de son fonctionnement.

Elle est la connaissance d'un **cas concret expérimental.** Donc bien qu'elle ait son siège principal dans la raison, elle se fonde encore sur le sens intérieur (*consistit in sensu interiori*) informé par la mémoire et l'expérience sensibles, ib., a. 3, ad 3.

Et précisément parce qu'elle se développe dans des expériences successives, « *experimento et tempore* », ib., a. 14, ad 3ᵐ, — parce qu'elle s'acquiert dans l'exercice même de son rôle arbitral, *exercitio recte præcipiendi*, a. 16, ad 2ᵐ, — il suit qu'on doit la chercher dans la société de ceux qui ont le sens moral formé, l'intuition saine des « *fins opérables* » : in his quæ pertinent ad prudentiam, maxime indiget homo ab aliis erudiri et præcipue ex senibus qui sanum intellectum adepti sunt circa fines operabilium, ib. q. 49, a. 3.

D'où nécessité de la **tradition** familiale et de l'acceptation des **coutumes** ancestrales : Unde Philosophus dicit (Eth. 6) : « Oportet attendere expertorum et seniorum et prudentium indemonstrabilibus enuntiationibus et opinionibus non minus quam demonstrationibus ; propter experientiam enim vident principia. » Unde et (Prov. 3) dicitur : Ne innitaris prudentiæ tuæ ; et (Eccl. 6) In multitudine presbyterorum, id est seniorum prudentium — sta et sapientiæ illorum ex corde conjungere. Ibid.

CHAPITRE II

PRÉCISIONS ET DÉVELOPPEMENTS

De l'application
et de la composition des principes abstraits.

Résumons les notions précédentes :

Un principe abstrait ne saurait suffire à dicter le devoir présent ; il doit être *utilisé*, mis en œuvre, *appliqué* à tel ensemble de circonstances, à *tel cas concret*.

Pour comprendre pleinement ce qu'est la connaissance des actions singulières et du devoir présent, nous allons entrer dans plus de détails, chercher surtout à pénétrer davantage *la mineure du syllogisme moral*, le principe d'ordre concret, par là même chercher à comprendre ce qu'est, dans les jugements moraux, *la part de l'expérience reçue, personnelle ou collective*.

Cela fait, nous tâcherons d'approcher davantage le complexe et le réel. Non contents de considérer un principe abstrait isolé, ne correspondant qu'à un aspect fragmentaire du cas singulier, — nous verrons *comment se composent* divers principes, comment leur synthèse intègre la réalité du cas donné, — comment en d'autres termes, conditionnée par les circonstances diverses, par les contingences de l'individu et les solidarités du milieu ambiant, la thèse se réalise dans telles ou telles hypothèses particulières.

En somme, nous allons étudier ces deux aspects qui nous aideront à comprendre le passage du général au particulier, de l'abstrait au réel.

Premier aspect : utilisation ou application du principe abstrait.

Elle se fait par une déduction, une sorte de syllogisme moral — *mediante syllogismo, fit applicatio particularis*, nous disent les anciens.

L'expérience morale est la condition de cette application du principe, de cette vérification expérimentale, — par suite, de cette connaissance tout à la fois plus concrète et plus précise.

Second aspect : composition des principesabstraits.

Puisqu'un cas de conscience comporte divers aspects du devoir et du droit, — puisqu'il y entre corrélativement la considération de multiples règles ou formules, — il faut donc savoir composer ces principes ; il faut savoir comprendre leur enchevêtrement dans le réel, leur complexité, — donc **leur solidarité, leur interdépendance.** — Car notons le bien :

Un principe, une fin, une vertu, ne saurait être complètement envisagé que dans son interdépendance avec les autres, dont il est solidaire, les diverses matières morales étant absolument connexes.

I

Premier aspect : Application du principe abstrait.

Quelle distance sépare le principe et l'application, la thèse générale et l'hypothèse particulière : tout le monde le sait. Tout le monde reconnaît que cet écart constitue la grande difficulté de la vie morale, — que la théorie ne suffit pas, et que plus d'une âme, en apparence in-

flexible, obstinément fidèle à soutenir le principe, tran-
sige trop aisément sur la juste mesure de son application :
tandis que telle autre ne sait se départir d'une excessive et
opiniâtre intransigeance.

Sur l'insuffisance du principe abstrait, sur la nécessité
d'une conscience formée, il y a une excellente page d'Ollé
Laprune, De la certitude morale, p. 74.

Il faut donc savoir se servir des principes, et pour s'en
servir, il faut *avoir de l'expérience.*

Et qu'est-ce donc avoir l'expérience de la vie? C'est avoir
reconnu, dans son expérience personnelle, ou bien encore,
dans l'expérience des autres, la meilleure manière d'appliquer
les principes : les moyens divers, les régimes, les institutions
qui peuvent offrir le plus de ressources, le plus de garanties
pour réaliser l'idéal abstrait, pour obtenir telle fin dont la
conscience a reconnu la convenance générale, et, — dans une
mesure à déterminer, — la nécessité morale.

Se rappeler ce qui a été dit précédemment : par son mouvement de délibération, la raison pratique cherche dans quelle
mesure pourra et devra être obtenu le bien convenable.

Ainsi la conscience me dit : Il faut bien élever ses enfants.
Principe incontestable : il emporte l'assentiment de toute conscience droite.

Mais si malheureusement l'expérience de la vie me fait
défaut, ce principe abstrait ne m'engagera pas bien avant, et
demeurera parfaitement inutile.

L'expérience peut être personnelle ; j'ai pu l'acquérir dans
ma sphère d'action, à mes propres dépens. Elle peut aussi
me venir d'ailleurs, de mon entourage, de mes parents, amis.
Cette expérience des autres, cette expérience collective, je l'ai
reçue et la conserve, c'est une tradition.

En tout cas, cette expérience concrète, cette tradition a su
discerner et bien remarquer les principaux éléments de la
question. Elle les a enregistrés en quelque *cas type,* répondant
assez bien à celui qui m'intéresse présentement. Il s'agit d'un

problème suffisamment défini, suffisamment précis ; il s'agit d'une éducation dans telles ou telles circonstances : âge de l'enfant, son caractère, ses antécédents, souplesse et docilité plus ou moins grandes.

Pour bien élever ses enfants, — étant donné tout un ensemble de circonstances concrètes, — on devra recourir à tel type d'éducation : internat ou externat ; régime de contrainte, ou régime de libre initiative ; éducation physique, ou bien culture intensive de l'intelligence.

Le cas type, ou cas de conscience : sa présence dans le syllogisme moral.

Ainsi le principe ne demeure point solitaire, infécond. A la majeure du syllogisme est venue s'ajouter une mineure plus concrète, plus pratique. Et cette mineure n'est autre chose qu'un *cas type*, un cas de conscience relativement simple, étant le fruit de l'observation. Ce second élément trouve une place intermédiaire entre la généralisation totalement abstraite, d'une part, — et le cas singulier, cas unique, celui qui intéresse *hic et nunc* la conscience du sujet agissant. Dans ce cas individuel se trouve la réalité tout entière, la complexité vivante non analysée, la richesse plénière de l'individu : un principe général ne suffirait pas à exprimer ce cas individuel, ne suffirait pas à le régir.

Telle est, en somme, la raison d'être du cas de conscience, telle sa fin logique : fournir un point de comparaison, un moyen terme entre l'abstrait et le singulier, — entre la règle idéale du devoir d'une part, et d'autre part — mon devoir, *le devoir présent*, celui qui surgit *hic et nunc*, qui naît de toutes les complexités de la vie, de toutes les singularités du moment actuel.

BIBLIOGRAPHIE

A. — Distinction de la raison supérieure et de la raison inférieure. Cette distinction est nécessaire pour l'intelli-

gence de la question. — Cf. S. Augustin, de Trinitate,
l. 12, c. 7; — S. Thomas, 2 D. 24, q. 2, a. 4, et les références données dans l'*Index : Ratio superior*; — Schiffini,
n. 162, et en général les traités de Philosophie un peu
complets.

B. — Sur le « **discours** » ou « **quasi-syllogisme** », passage du principe universel au cas particulier.

Voir plus haut, p. 111. — Plus spécialement : S. Thomas, loc. cit. ; et Cajétan, Commentaires sur la Somme,
aux questions afférentes ; — Théologie de Wurtzbourg, t. 4,
p. 277 et sqq. Appendix de Virtut. cardinal., emprunté
à Lessius, de Justitia et jure, n. 9-10; 18-21 ; — Terillus,
de conscientia probabili, q. 12, ass. 4 ; — Bouquillon,
Theol. mor. fund., n. 254.

Schiffini, Phil. mor., t. I, n. 160-163 ; — Ferretti, Instit.
phil. mor., n. 180-182.

A un point de vue plus modernisant : Ollé-Laprune, De
la certitude morale, p. 74-75, intéressant et suggestif;
Newman, Grammar of assent, passim, surtout ch. 8 et
9 ; — Brémond, Newman, p. 257-273 : de la logique personnelle ; ibid. p. 337, sqq. : théologie de la conscience.
— Toohey, an indexed synopsis of Newman's Grammar of
assent, au mot Inference.

C. — **Nature et nécessité de l'expérience morale.** S. Thomas, 2-2, q. 47, surtout a. 3, comment la prudence a
pour objet l'acte singulier; ibid. q. 49, surtout a. 1 et
2. — Voir en même temps, en cet endroit, les Commentaires de Cajétan. — Voir aussi S. Thomas, 3
D. 33, q. 2; et Comment. sur l'Ethique d'Aristote,
liv. 6, l. 4.

Pour l'intelligence de ces deux sources — Ethique, et
Distinctions des Sentences, — lire Capreolus, Defensiones
theologicæ, t. 5, p. 431 sqq : Multa quæ pertinent ad po-
tentiam sensitivam requiruntur ad prudentiam ; — et

Cosme Alamanus, Cursus philosophicus, t. 3, ce qui concerne la Prudence.

Pavone, Summa Ethicæ, p. 48, 49 ; — Lessius, dans la
theol. de Wurtzbourg, t. 4, n. 9, 10, 29 ; — Schiffini, de
Virtutibus infusis, de Prudentia.

Ollé-Laprune. De la certitude morale, ch. 1.

II

Second aspect : Composition des principes abstraits.

Le principe abstrait ne concerne qu'une fin, une vertu,
un aspect de la question.

La solution, le prononcé de la conscience, pour être
juste et droit, exige qu'on tienne compte des autres fins,
qu'on envisage dans leur complexité les divers aspects de
la question, sans méconnaître aucunement leur solidarité,
leur interdépendance.

DÉVELOPPEMENTS

1° **Un cas de conscience n'est pas chose simple** : il comporte des éléments multiples et souvent disparates.

Et tout d'abord, il comporte un objet et des circonstances. L'objet de mon acte sera par exemple, un devoir
de religion : émettre un vœu, m'astreindre à la profession
religieuse. Mais je devrai tenir compte de telle et de telle
circonstance : par exemple, la piété filiale à sauvegarder.
Ou bien encore un devoir de justice stricte, la solution
d'une créance, d'une dette quelconque.

Regardons-y de plus près. Prenons garde à chacune de ces
circonstances qui viennent de la sorte conditionner, quelquefois modifier, quelquefois neutraliser, suspendre ou totalement

annuler cette fin primitive, ce bien, ce devoir qui s'offrait tout d'abord à mon activité.

Chacune de ces circonstances est une fin, un bien à sauvegarder ; j'y découvre un aspect de l'ordre moral total, de cet ordre auquel je dois conformer ma conduite.

De là, la complexité du cas de conscience : le plus souvent il comporte à première vue des éléments disparates, des « *fins* » d'ordres divers, des devoirs quelquefois difficiles à concilier, — du moins des circonstances étrangères et accessoires, qui limitent l'application du principe.

2° Rappelons-nous donc ce qui a été dit sur la **multiplicité des inclinations humaines et des fins, des biens correspondants.**

Je me trouve en présence d'un acte à accomplir, d'un objet qui sollicite le mouvement de ma volonté. Tout d'abord, ma raison se porte vers cet objet : j'entends par raison, non pas la *raison raisonnante*, mais un coup d'œil premier intuitif. Dans l'objet proposé, cette raison naturelle spontanée découvre divers biens humains, — si l'on veut, — divers aspects du bien moral, du bien convenable : ratio naturaliter apprehendit tanquam bonum conveniens.

Ces divers aspects correspondent aux inclinations fondamentales de la nature humaine : bien physique de l'individu, bien physique de l'espèce, bien complet de la nature raisonnable, c'est-à-dire nature inclinée à connaître Dieu et à vivre en société.

Voir plus haut, p. 85, et p. 88.

Il y a donc pour la raison humaine, pour la « raison pratique », telle que l'entendent saint Thomas et ses interprètes traditionnels, — il y a certaines fins, certains biens qui se font voir d'emblée, qui se présentent non point comme le résultat d'une démonstration et l'aboutissement du discours, mais au contraire comme le point de départ de la raison raisonnante.

De là les fins naturelles, « fins innées », *fines innati*, de la raison pratique, analogues — homologues pour ainsi dire, — aux principes innés de la raison spéculative. *Sicut in ratione speculativa sunt innata principia demonstrationis, ita in ratione practica sunt innati fines connaturales homini.* Saint Thomas, 3 D. 33, q. 2, a. 4.

Et puisque à chacune de ces « *fins — principes* » correspond un principe moral, un *dictamen* de la loi naturelle, on comprend mieux ce qui a été dit plus haut : précisément à cause de la simultanéité concurrente des principes, de leur rencontre en un même cas particulier, en un même acte — il arrive que, dans l'application, le principe est limité par les circonstances, c'est-à-dire par les fins adjacentes, par les devoirs parallèles.

Et l'on retrouve tout ce qui a été dit plus haut sur les principes affirmatifs de la loi naturelle, sur leur nature souvent limitée et modifiable, sur le caractère souvent conditionnel, hypothétique, indéterminé de leurs applications.

Cf. surtout Schiffini, Sylvius, Zallinger aux endroits précédemment allégués.

3° **Conditions** qui assurent le bon fonctionnement du sens moral, autrement dit, **la sûreté, la droiture du jugement de prudence.**

La prudence, pour dicter exactement la formule du devoir présent, doit tenir compte de tous les éléments de l'acte à accomplir ; éléments qu'elle doit synthétiser, envisager dans leur solidarité et leur interdépendance. La prudence suppose donc une *double rectitude* : rectitude d'estimation, ou jugement sain, et rectitude d'intention ou bonne disposition.

Deux points à préciser et à expliquer :

1° **La formule du devoir présent,** formule qu'il s'agit d'obtenir.

2° La condition requise : **double rectitude.**

A. — *La formule du devoir présent,* c'est-à-dire ce que les anciens à la suite d'Aristote appelaient *le moyen,* τὸ μέσον, medium, le point exact où l'action sera vertueuse, entre l'excès et le défaut, tous les éléments du cas de conscience étant envisagés.

B. — *La double rectitude.* Nous retrouvons ici la notion d'ordre. Il s'agit, étant donnée la complexité du cas, d'adopter une règle de conduite droite, conforme à l'ordre des fins providentielles.

Voir plus haut.

Apprécier exactement cette règle, connaître dans leur interdépendance les divers éléments de la question : tel est le fait de la *rectitude de jugement.*

Conformer ma volonté à cette règle, vouloir l'acte normal, en y respectant les rapports divers de dépendance, de coordination et de subordination, — en un mot, tous les éléments de connexion logique : tel est le fait de la *bonne disposition,* de la *rectitude intentionnelle.*

4° Voici donc les **fonctions de la prudence :**

assurer la délibération droite ;

juger droitement;

assurer l'inflexible exécution du jugement.

Et voici les **conditions** de ce bon fonctionnement :

A. — Bien reconnaître les principes, les fins humaines naturelles correspondantes : *rôle de la syndérèse.*

B. — Se porter vers ces fins naturelles, les chercher avec un appétit droit, normal : rôle de l'*inclination fondamentale.*

C. — Durant tout le cours de la délibération et du syllogisme moral, — jusqu'au prononcé du dernier jugement pratique, — maintenir dans leur conformité à l'ordre, dans leurs rapports de solidarité et d'interdépendance normale, les diverses inclinations, les divers appétits correspondants aux diverses fins humaines naturelles : rôle de la *prudence,* supposant d'une part la syndérèse et l'ensemble des inclinations fondamentales, — tendant d'autre part, à la connaissance et au vouloir parfaitement moraux ; c'est-à-dire : — 1° *à la connaissance du devoir présent*, déterminé dans toutes ses conditions singulières (*dernier jugement pratique*); — 2° *au vouloir corrélatif*, déterminé dans ses conditions individuelles (l'*élection*, qui suit le dernier jugement pratique).

BIBLIOGRAPHIE

1° Multiplicité des fins et des inclinations; appréhensions spontanées, principes qui leur correspondent.

Se reporter aux références données plus haut, p. 89, à propos de la multiplicité des préceptes naturels, et des inclinations fondamentales. — En outre, et à titre d'indications générales, lire :

α. — Les commentateurs des Sentences de Pierre Lombard, 3 Dist. 36, et Dist. 39, — où, — se demandant s'il faut placer dans l'intelligence (ou bien dans la volonté) la syndérèse et la conscience, — ils montrent l'inclination produite dans la volonté par la connaissance spontanée des biens convenables, et par suite l'étroit rapport, l'immédiate correspondance de la syndérèse et de l'appétit naturel. — Voir notamment : Saint Bonaventure, 3 D. 39, a. 2, q. 1 ; Scot, 3 D. 39, a. 1, où il réfute le volontarisme d'Henri de Gand; Richard de Middletown, 3 D. 39 ; Capreolus, Defensiones Thomisticæ, D. 36, et D. 39 ; Estius, aux mêmes endroits.

β. — Dans saint Thomas, 1-2, q. 10, a. 1 ; avec les endroits parallèles : de Veritate, qu. 22, a. 5, et a. 9; de Malo, qu. 18, a. 4, ad 5ᵐ, etc; puis 1-2, q. 94, a. 2, très important ici ; et ibid, a. 3, avec 4 D. 13, a. 3, ad 4ᵐ.

γ. — Les commentateurs de la Somme Théologique, aux endroits cités. — Parmi les manuels modernes, voir très spécialement : Frins, De actibus humanis, n. 162, et sqq. — avec ses références : à Cajétan, commentant 1-2, q. 9, a. 4, ; à Ruiz, De Providentia Dei, disp. 42, s. 3, etc...; à Valentia, 1-2, disp. 2 ; à Ripalda, De ente supernaturali, disp. 103, s. 6; à Suarez,

Vasquez, Scheeben, Palmieri, etc...— pour aboutir p. 193, n.162, à cette conclusion : Constat igitur satis ratione et autoritate, cognito fine et bono quamdam finis et boni simplicem complacentiam (respective displicentiam) in nostra voluntate necessario et semper enasci.

2° **Solidarité des inclinations et des fins. Rectitude de l'intelligence et rectitude de la volonté.**

α. — Sur la connexion ou interdépendance des inclinations et des fins, en d'autres termes, des diverses *matières, objets* respectifs des diverses inclinations, — voir d'abord, pour un premier coup d'œil sommaire, les manuels de Cathrein, Phil. in usum Schol., n. 132; Costa Rossetti, Philos. mor. th. 68 et 69; Schiffini, n. 90; — puis pour une autre étude plus approfondie : saint Thomas, 1-2, q. 65, a. 1, avec les endroits parallèles : Comment. sur l'Ethique, l. 6, lect. 11 ; De Virtutibus cardin., a. 2, etc...; Capreolus, Defensiones, 3. D. 36 ; Estius, loc. cit.

β. — *Rectitude.* — Voir surtout : 1° Cajétan, commentant les questions 58, 65, 66 de la 1-2æ ; — 2° la théologie de Salamanque, tract. 12, disp. 4, dub. 1 : nécessité de la bonne disposition, — priorité et postériorité, mutuelle influence de l'intelligence et de la volonté, distinction entre la droiture initiale et de la droiture finale, c'est-à-dire, droiture consommée, à la fin de la délibération, immédiatement avant l'élection ; — 3° Jean de Saint Thomas, q. 62, d. 16, a. 5, q. 2, qui traite la question avec son habituelle clarté; en voici les points essentiels.

Jean de Saint Thomas pose ainsi la question : Comment comprendre l'unité du sens moral, l'unité de la prudence? comment comprendre que cette unité se concilie avec la pluralité des vertus morales, devant les concilier dans un ensemble harmonique. Quomodo intelligatur : quod prudentia sit una virtus, et sufficiat ad moderandas omnes virtutes morales, quæ sint in voluntate, — ipsæ vero virtutes morales plures sint?

Il insiste longuement sur l'unité d'ordre, où se ramène la diversité des vertus. Cette unité d'ordre est précisément « *la rectitude* »; elle est précisément caractérisée, spécifiée et commandée par l'unité de direction vers la fin dernière : Licet diversæ bonitates, — imo et veritates, — sint in virtutibus, ratio tamen veri, id est ratio dirigendi et regulandi, una esse debet, sub qua clauditur totus finis vitæ humanæ. Ergo licet sint plures virtutes dirigibiles, ratio tamen dirigendi est una. Ibid., n. 3. — Et encore n. 5, et 6 : Ly « eadem ratio » importat rationem formalem cognoscendi verum et hæc est unica tantum in prudentia, licet veritates materialiter sint diversæ. Et hujus ratio est : quia regula humanorum actuum debet esse firma et perfecta.... Ergo oportet quod non solum ex propria materia, sed neque ex ulla alia deficiat... Et ideo dicuntur omnes virtutes connexæ inter se, non ratione materiæ, sed ratione formæ seu regulæ, quæ perfecta esse non potest nisi supponat animum bene dispositum circa omnes materias virtutum.

3° **Rôle de la prudence; et théorie complète** de la connaissance morale qu'elle fournit.

Pour une vue sommaire, cf. les manuels, notamment : Schiffini, Phil. moral., n. 89-90 ; et de Virtutibus infusis, in fine; Cathrein, Phil. in usum schol., loc. cit. ; Tepe, Theol. mor, gen,, t. 2, n. 282-286.

Pour une étude plus approfondie : S. Thomas, 2-2ᵐ, q. 47, a. 8 et les endroits parallèles ; — Capreolus, Defensiones, t. 5, p. 430 ; — Pavone, Summa Ethicæ, d. 1. q. 4, de prudentiæ natura, 1ᵃ propositio ; — Lessius, de jure et justitia, l. 1, c. 1, dub. 3 ; — Théologie de Salamanque, loc. cit., — Jean de S. Thomas, loc. cit., etc....

CINQUIÈME ÉTUDE

LOIS HUMAINES
ET DROITS CORRESPONDANTS

Somme Théologique, 1-2æ, q. 91, a. 3 : existit lex humana ; q. 93, a. 3 : omnis lex a lege æterna derivatur; q. 95, de lege humana, surtout a. 2, et a. 4.

Grég. de Valence, Comment. Theol., t. 2, d. 7, q. 5, surtout p. 1 : quid sit lex humana, et p. 2 : quotuplex sit lex humana; — Suarez, de Legibus, l. 2, c. 17, utrum jus naturale distinguatur a jure gentium; c. 19, quomodo jus gentium distinguatur; c. 20, quomodo jus gentium justum sit et mutabile; — Billuart, Cursus, t. 5, diss. 2, a. 1, §. 2, a lege æterna derivantur omnes aliæ; et diss. 3, de lege humana, surtout a. 1; — Schmalzgruber, Dissertatio prooemialis, n. 116-145.

Bouquillon, Theol. mor. fund., n. 80, 81 ; Tepe, Theol. mor. gener., n. 117.

Les auteurs récents ont particulièrement insisté sur la réfutation du positivisme moral, — de l'utilitarisme — et du positivisme juridique : Ferretti, De essentia boni malique moralis, p. 78-145 ; Schiffini, op. cit., d. 4, s. 5, p. 349-360 : Utrum nullum existat jus nisi positivum ; Meyer, Jus naturale, p. 123-129 : exposé du positivisme utilitaire, et p. 147-152, Thèse 18. relative au caractère intrinsèque de la moralité; ibid, 438-457 : exposé et réfutation du positivisme juridique, de l'Ecole historique de Savigny ; Cepeda, Eléments de droit nat., p. 97-157, exposé et critique des diverses écoles contemporaines, abondant et précis; P. de Pascal p. 271-272, la justice ; p. 290-331 : le droit et la morale, les fausses conceptions du droit, la division du droit.

———————

CHAPITRE I

LOI ET DROIT HUMAIN

JUS HUMANUM

Les jugements de la raison pratique, principes de la loi naturelle, donnent lieu à des *déductions* : *de la fin on déduit les moyens*, convenables ou nécessaires pour atteindre cette fin.

Voir plus haut, p. 91.

De cet ensemble de jugements et de déductions on peut considérer spécialement la logique intelligible, la *droiture objective*, ou « *rectitude* ».

D'où la notion du *droit objectif*.

On va dans ce chapitre s'attacher plus spécialement à cet aspect *objectif* de la loi et du droit. — Mettre en évidence cet aspect, c'est montrer l'unité logique, l'unité intelligible de tout le système de la loi et du droit naturels. C'est donc combattre l'erreur séparatiste dont j'ai parlé plus haut.

I

Rectitude et droiture.

1. **Existence de la loi humaine; son objet : moyens particuliers pour atteindre les fins générales.**

Cf. 1-2, q. 91, a. 3 ; q. 95, a. 1, 2.

S. Thomas nous représente les principes de la loi natu-

relle comme des généralités indéterminées « communia »,
d'où la raison raisonnante dérive des conclusions particulières : quœdam propria quœ sunt quasi conclusiones
principiorum communium, q. 94, a. 4 ; et 4 D. 33, q. 1,
a. 2, ad 1um.

Les lois humaines sont précisément des conclusions de
cette sorte, relatives à l'obtention des fins générales par
des moyens déterminés, q. 91, a. 3 ; q. 95, a. 2. Cette
déduction se fait « *per industriam rationis* » ; la coutume
y concourt spontanément, guidée par la raison d'« utilité »,.... « Quœdam in consuetudinem ex utilitatis ratione
venerunt », ibid.

Cette *terminologie* « *utilitatis ratio* » mérite une attention
toute spéciale. Il importe d'avoir compris ce qu'est le
bien utile, et de s'être habitué à cette acception, maintenant insolite. — Voir ci-dessus, p. 49 et 99.

Rappelons à ce sujet quelques notions sommaires.

2. **Les biens utiles** — « bona utilia ».

Certains biens, certaines fins, que nous avons représen-
tés comme objets de nos inclinations fondamentales, sont
voulus directement et primitivement, *propter se*. (Au
moins il peut se faire que nous ne les rapportions pas
actuellement et explicitement à une fin plus haute.)

D'autres biens sont voulus en tant que moyens de réaliser ces fins primitives. Ces biens utiles, *bona utilia*, sont
connus par la recherche rationnelle, discursive, *per industriam rationis inventa*, — recherche qui a mis en évidence
leur valeur relative, leur valeur de moyens. Autrement dit,
cette valeur nous apparaît comme une conséquence et non
comme un principe. Les biens utiles sont voulus à cause
des biens fondamentaux, *propter aliud*.

Exemple concret : C'est la raison humaine qui a découvert
la valeur relative de la propriété divisée : ce régime, cette institution est, dans l'état de notre nature humaine viciée, le moyen

sans lequel les biens extérieurs ne sauraient atteindre leur but providentiel, leur fin corrélative à l'inclination fondamentale de la nature humaine.

Cf. Vermeersch, Quæst. de Justitia, q. 5, c. 2, de jure proprietatis privatæ, Th. 13 ; surtout n. 199 : ipsa lege naturæ sancitur per se hoc genus instituti, quæ est privata proprietas rerum exteriorum. — L'auteur fait bien voir ce qu'il faut entendre par *institution d'ordre naturel :* Hinc enim voluntas finis demonstrat penes auctorem naturæ voluntatem medii unice apti ; illinc autem, communis perspicacitas necessarii nexus inter medium et finem de quo facile homines consentiunt, efficit ut medium istud sit communiter receptum atque observatum, etiam antequam lex humana suam exercuerit vim atque efficaciam. Hoc autem arguit institutum naturale.

3. Droit et loi; leur synonymie; la rectitude objective de leur contenu.

Droit et loi sont fréquemment synonymes. Ainsi entendus, la loi ou le droit ont pour contenu, pour objet matériel : le droit objectif, le juste, *(rectum, justum.)* — Est juste, tout ce qui est honnête, conforme à l'ordre. La rectitude est cette conformité à l'ordre, cette proportion, — *commensuratio unius rei ad alteram,* — que les actions humaines doivent respecter et réaliser dans leurs actes : soit qu'il s'agisse par exemple de garder cette *commensuratio* dans les rapports sociaux ou familiaux de fils à père, de disciple à maître, — soit qu'il s'agisse de la garder dans des échanges de biens matériels, entre le donné et le reçu.

Cf. 1-2, q. 57, a. 1 ; et ad 1um, ad 2um ; — et en général, tous les théologiens et philosophes scolastiques, lorsqu'ils exposent les sens divers du termes *jus.* Parmi les auteurs contemporains, voir spécialement Cepeda, Eléments de droit naturel, 11e leçon.

Cette conception de la rectitude objective est essentielle à la philosophie traditionnelle chrétienne, aussi bien qu'aux antiques systèmes de philosophie, avec lesquels elle est étroitement apparentée. Voyez par exemple la saveur Platonicienne du terme *rectitude* chez saint Augustin et saint Anselme. — Bien que les modernes s'attachent de préférence aux aspects contingents et subjectifs du droit, — pourtant il s'en trouve qui appuient sur la considération du devoir absolu, du bien objectif, envisagé dans sa conformité avec l'essence intime des choses, avec l'ordre connu par la raison.

Tels: Krause, Grundlage des Naturrechts, 1803 ; et Ahrens, Cours de Droit naturel et de Philosophie du Droit, 1837, dont on trouvera les idées essentielles exposées par Boistel, Philosophie du Droit, t. I, n. 78, p. 145, sqq; et par Cepeda, Eléments du Droit naturel, 17ᵉ leçon.

4. Rectitude commune à la loi naturelle et aux lois humaines.

Cette droiture, cette *rectitude* n'est autre que la conformité à l'ordre rationnel : In rebus humanis dicitur aliquid esse justum ex eo quod est rectum secundum regulas rationis. Elle passe de la loi naturelle, principe, aux lois humaines, conclusions dérivées. Cf. q. 95, a. 2.

N. B. — De la dérivation formelle.

La dérivation *matérielle*, dont il vient d'être question, est une dérivation intellectuelle et morale. On peut concevoir un autre mode de dérivation, réalisé dans les cas où la loi naturelle et la loi humaine ne sont liées par aucun rapport (ni rapport logique d'intelligibilité, ni rapport moral de finalité) — en d'autres termes : quand il s'agit d'une détermination quasi-arbitraire, v. g., telle pénalité pour tel crime, sans que des considérations logiques suffisent à éclairer le choix du législateur.

En effet, en pareil cas, il faut tout au moins tenir compte d'une *causalité juridique*, d'une *autorité législative*.

Or, l'autorité, familiale ou sociale, tire de la loi naturelle sa raison d'être et ses droits.

Donc, dans ce cas encore, l'efficacité morale de la loi naturelle est *la source d'où découle l'efficacité subordonnée de la loi positive.*

Cf. Meyer, p. 291-295, Th. 33 : Lex positiva nulla esse potest quæ non saltem reductive et formaliter fundetur in lege naturali.

II

Systèmes et terminologie.
Ordre pédagogique et bibliographie.

On a déjà signalé la synonymie entre droit et loi, ayant l'un et l'autre pour contenu le droit objectif (*jus, rectum, justum*). A cette acception tout objective de la loi et du droit, se rapporte immédiatement et directement l'intelligence de la question historique suivante :

Quelle est, chez les théologiens scolastiques, la ligne de démarcation entre le droit naturel d'une part, et d'autre part, le droit humain (ou positif) ?

En raison de la synonymie : droit et loi — que nous avons signalée, en raison du point de vue tout objectif qui en résulte, il semble utile de traiter immédiatement cette question, ordinairement différée par les meilleurs auteurs jusqu'à l'étude approfondie et complète de la notion de droit.

Tantôt ces auteurs éclairent le point de vue spéculatif par l'étude historique des divers systèmes, relatifs à la notion de droit et aux origines du droit. Cf. Meyer, t. I, n. 570-576, et Schiffini, Phil. mor., t. I, n. 216-220 : An existat jus quoddam gentium a naturali et civili distinctum ; où l'on trouvera un abondant exposé des diverses terminologies et particuliérement du système de Suarez; — puis ibid., n. 221-226 : Expenditur doctrina Aquinatis.

Tantôt c'est à propos d'applications très particulières (origine de la propriété, de l'autorité) qu'ils discutent cette même question. Et c'est précisément là qu'on saisit le mieux son importance pratique. Cf. Meyer. t. II, n. 178 : comment la propriété privée est de droit positif humain — comment elle est *ex humano condicto*, expression que des traducteurs malhabiles ont interprété dans le sens de pacte ou contrat social. Et ibid., n. 392, sq., de originaria determinatione subjecti auctoritatis civilis — surtout n. 394, discussion du principe général, clef de la controverse : realem constitutionem, quemadmodum ipsius societatis civilis, ita et supremæ auctoritatis civilis secundum certam imperii formam, non esse juris divini naturalis, sed juris gentium et eatenus humani.

Voir encore Schiffini, t. II, n. 339 : Dominium proprietatis, simpliciter loquendo, de jure naturali dicendum est, tametsi participet aliquid de jure positivo, — avec les objections qui suivent, notamment n. 344, où se trouve éclaircie la terminologie de saint Thomas : humanum condictum, adinventio rationis humanæ, etc... — et Vermeersch, Quæstiones de justitia, n. 195 : terminologie systématique des scolastiques : saint Thomas, Scot, Suarez, Lugo etc.., des protestants et des rationalistes, Grotius, Hobbes, Rousseau; ibid., n. 203, 204, 205-207.

Droit naturel et droit positif selon l'Ecole.

La distinction — ou plus exactement l'expression de cette distinction — est subordonnée à un point de vue systématique : elle dépend de la façon dont on conçoit la filiation ou dérivation du droit naturel et du droit positif.

A. Conception ancienne : Saint Thomas.

Relèvent du dr it naturel les propositions qui dérivent des principes nécessairement et absolument *adæquata ex ipsa natura rei*, q. 57, a. 2 et 3, c'est-à-dire en dehors de toute considération utilitaire, de toute *spéculation relative*

11

à une nécessité de moyen. Par exemple : de droit naturel, le fils dépend de son père.

Relèvent du droit humain ou positif : les propositions, affirmations, institutions qui doivent leur origine *à l'activité — délibérante* ou simplement *discursive — de la raison humaine.* Par exemple : de droit absolu, pas de raison pour que tel champ, tel bien matériel appartienne exclusivement à tel individu. Mais, ayant expérimenté les inconvénients du régime de communauté, la raison humaine a spontanément et communément reconnu et admis le régime de propriété divisée comme le seul « moyen utile ».

Les cas de ce genre ne sont pas imposés par la nature, *per naturam,* — du moins pas imposés par une considération primitive, *ex natura rei,* qui serait indépendante de tout discours, de toute considération relative à la finalité pratique. Ces cas sont pourtant régis par la règle générale, règle de conformité à la nature. Ils sont « secundum naturam.» Cf. Meyer, loc. cit.

Du même ordre d'idées provient la distinction que faisaient les anciens entre : d'une part, le **jus gentium** composé de conclusions secondaires très proches du droit naturel premier, — et d'autre part, le **jus civile** — droit civil, s'appliquant aux objets les plus contingents, les plus éloignés de la sphère que régissent les principes primordiaux, universels et immuables.

Le droit des gens s'applique donc à des moyens subordonnés et relatifs, utiles et convenables, reconnus tels par la raison commune des différents peuples, des races les plus diverses dans le temps et dans l'espace. Un tel accord inconscient et spontané ne peut être que le fruit de la nature humaine partout identique à elle-même. Il est un accord humain : *humanum condictum.*

Cette universelle appréciation de certaines institutions morales et sociales, cette unanime adoption, à titre de « moyens utiles » ne doit pas être considérée comme un pacte, un *contrat social*, mais bien comme un accord universel ayant pour cause *l'objective équité, l'ordre objectif et naturel des choses, spontanément connu et accepté par la nature humaine.*

C'est la raison humaine primordiale, absolument commune à tous, — le sens commun, — qui reconnaît en certains objets, en certaines institutions, en certains actes, *leur équité* fondée sur le rapport immédiat qu'ils ont avec la nature humaine : communis ratio dictat ex propinquo habentia æquitatem, 2-2, q. 57, a. 3, ad 3um.

B. D'après les théologiens récents (postérieurs au xviie siècle).

L'ancienne distinction entre droit naturel et droit des gens est omise ou atténuée par le fait que le *jus gentium* des anciens théologiens est désormais compris dans un **droit naturel élargi.** — Conséquemment, le terme droit positif représente un sens plus restreint.

Cette position doctrinale et cette terminologie ont une origine protestante. Cf. Puffendorf, De jure naturæ et gentium, avec Barbeyrac, dans ses notes à la traduction du traité du Droit de la nature et des gens, de Puffendorf, 1720 ; et dans sa préface au traité de Grotius, du Droit de la paix et de la guerre, 1724 ; Burlamaqui : Principes du droit naturel, 1747, t. 2, c. 1.

Pourtant certains avantages peuvent justifier ce point de vue et la terminologie correspondante. Par là, on fait mieux ressortir : d'une part le lien, l'intime compénétration du droit naturel et du droit des gens, — d'autre part le caractère de morale sociale, inhérent aux fondements mêmes de l'ordre naturel et de la loi naturelle. Cf. Meyer, Jus nat., n. 572.

D'ailleurs, en maint endroit, saint Thomas suppose ou reconnaît expressément le bien fondé de cette extension du droit naturel : Necesse est quod quidquid ex justo naturali sequi-

tur quasi conclusio, sit justum naturale, Eth. V, lect. 12. Cf.
1-2, q. 95, a. 1 ; 2-2, q. 57, a. 3, ad 3.

En somme, bien qu'il y ait là une simple question de
mots, elle ne saurait être indifférente. En présence d'un
radicalisme ou, comme on dit parfois, d'un modernisme
social, prompt à tout confondre — il est souvent avan-
tageux d'adopter une classification et une terminologie
qui se prêtent mieux à défendre les institutions traditionnelles (autorité, propriété...) en exprimant plus nettement
leur caractère stable et inviolable, conséquence de leur
intime connexion avec le droit naturel et divin.

Cf. Meyer, Jus nat., t. I, n. 573.

CHAPITRE II

LE DROIT SOCIAL

NOTIONS FONDAMENTALES

Les principes du droit social sont loin d'être parfaitement définis, uniformément entendus par tous les auteurs, même par les auteurs catholiques sociaux. Trop d'obscurités, inhérentes d'ailleurs à toutes les notions premières, aux *communia principia*, sont à dissiper en cette importante matière.

Qu'est-ce que le droit social ?

Quels sont ses rapports, — distinction et relation, — avec la loi naturelle, ou droit naturel ?

Questions compliquées d'une double catégorie d'équivoques et d'obscurités : obscurités relatives à la notion de *société* — obscurités relatives à la notion de *droit.*

La première catégorie réclame l'étude des notions fondamentales de sociologie : ce qu'est la société ? son principe d'être ? son activité ?

Son principe d'être, — *principium essendi,* — c'est-à-dire : le principe de constitution vitale et d'organisation : d'où *la notion de personnalité morale.*

Son activité, — *principium operandi,* — surtout la fin et la règle de cette activité, fin et règle par où elle s'unifie intimement avec l'activité de l'être moral : d'où *la notion de moralité sociale.*

La seconde catégorie concerne *la notion de droit*. On y rencontre la distinction classique : droit objectif, — droit subjectif, — distinction sujette à tant de graves malentendus. Il s'agit surtout de comprendre comment l'une de ces notions dérive de l'autre, en quoi consiste leur ordre de priorité, — étymologique ou logique.

Une fois compris ces insidieux détails de terminologie, on sera en mesure d'aller plus loin : on ne se laissera point empêtrer dans des questions de mots, en soi indifférentes, — mais aussi on sera prévenu des erreurs, qui se glissent aisément à la faveur de ces questions de mots.

Alors on abordera utilement cette capitale question : rapports de la loi naturelle et de la loi juridique, de la Morale et du Droit.

I

Sociologie générale. Nature de la société.

1° **Définition de la société** : union morale et stable d'êtres raisonnables, en vue d'atteindre par leur activité sociale une fin convenable à la nature humaine.

2° **Principe formel de la société** : (union morale et stable). De ce principe formel résulte un être social qu'on appelle le *corps social*. Ce corps social est un *organisme social*, une *personne morale*, et, comme telle, est le principe d'une activité spéciale. Il existe donc un *acte social*.

Voyez Meyer, n. 352, Thèse 38 : en quel sens tantôt l'union morale permanente, tantôt l'autorité — peuvent être considérées comme élément constitutif formel de la société. — Voir aussi : de Pascal, op. cit., p. 228 sq ; Cathrein, Philos. in usum sc., n. 427-439 ; Antoine, Cours, 4ᵉ éd., p. 28-30 ; Cepeda, op. cit., p. 303-305 ; Schwalm, Leçons de philos. sociale, I, p. 82 : La cause formelle de la société.

Sur les notions de *corps social, d'organisme social, de personne sociale*, cf. Santamaria de Paredes, El organismo social ;
voir encore : saint Thom., De regimine principum, I, c.'1 ; Sum.
Theol., 1, q. 60, a. 5 ; Meyer, n. 349 ; Antoine, Cours, 4ᵉ éd.,
p. 113-120 : La structure organique de la société, la sociologie
et l'organisme social ; de Pascal, op. cit., p. 230 ; Ch. Périn,
Premiers principes d'écon. polit., p. 138 ; H. Pesch, Die Sociale
Frage, 8 Heft, p. 46 et 57 ; Meyer, Die Sociale Frage, 1 Heft,
p. 42 sq ; Schwalm, op. cit., I, p. 30 : Les analogies biologi-
ques et métaphysiques, où l'on trouvera cité et favorablement
apprécié Herb. Spencer, Introd. à la Science sociale, op. 14,
p. 355.

3° De l'autorité.

A. — L'autorité peut être conçue comme le principe
directeur, en vertu duquel les volontés individuelles sont
orientées vers le but social. Ce principe peut être considéré tantôt comme droit abstrait, tantôt comme sujet concret du droit. Dans le premier cas, l'autorité est le droit
d'obliger les membres de la société en vue du bien commun.

B. — L'autorité est un principe d'unité, et comme tel,
elle est forme de la société. Le principe formel de la
société est bien (nous l'avons dit) *l'unité morale et stable*
par où la société est un être ; mais cela est l'ordre métaphysique abstrait. Cf. Meyer, loc. cit.

Dans l'ordre physique et concret, c'est l'autorité qui est
forme de la société.

Ce rôle unifiant de l'autorité est démontré en philosophie — soit par la nature de la coopération sociale (division du travail, interdépendance et solidarité, nécessité
d'un principe pour ramener toutes les poursuites de fins
partielles à une fin unique) — soit, ce qui revient au
même, par la comparaison de l'organisme social avec l'organisme personnel.

Voir S. Th., De regimine principum, lib. X, c. 1 ; — Meyer,
n. 347 ; — Schiffini, Disput. ph. mor., p. 364 ; — Cathrein,
Moralphilosophie, Bd. II, p. 310 ; — Cepeda, Eléments, p. 305-
307 ; — de Pascal, Phil. mor., p. 231 ; — Vareilles-Sommières,
Les principes fondamentaux du droit, p. 49-50 ; — Tancrède
Rothe, Droit naturel, p. 108.

4° De l'activité sociale.

Deux espèces A — celle qui tend à constituer la société.
        B — celle qui part de la société comme
        d'un principe.

A. *Activité constitutive.* — Diverse selon les diverses origines concrètes : *contrat formel* ou *croissance organique
spontanée.* Celle-ci — sorte de « cristallisation morale »
(Meyer, n. 361) — est le mode le plus fréquent à l'origine des sociétés nécessaires et naturelles, en l'absence de
tout consentement explicite.

Par ce qui précède, on voit immédiatement :

1° La distinction entre le droit d'autorité (postérieurement constitutif de la société) et le droit que peut avoir
un peuple de se constituer en société.

2° La cause proprement et antérieurement constitutive
de la société consiste : soit dans le contrat expressément
libre — soit dans un ensemble d'événements historiques
providentiels — soit dans le complexus de ces deux
causes.

B. *Activité sociale proprement dite.* — Elle est constituée
par trois éléments : *principe, fin* et *norme.*

Principe : Le premier est l'autorité ; le second est l'organisme social.

Fin : Le bien social ou bien commun. — Il est à remarquer que dans tout organisme, l'activité tend vers une
triple fin : — 1° conservation, — 2° évolution de l'être vers
la perfection naturelle, — 3° activité productrice, fructi-

fiante. Ainsi dans l'organisme social. Cette dernière fin est la fin suprême et nécessaire de l'organisme social, comme de tout organisme physique.

Norme. Elle est contenue dans ce principe : *Ordo socialis servandus est.*

On peut ramener l'observation de cet ordre à deux conditions : A. Que l'acte social soit dirigé « in bonum commune », fin spécifique de la société ; B. Que la tendance soit vraiment sociale.

Cf. Meyer, n. 361-387, où le sujet est fort bien et complètement étudié ; voir aussi Cathrein, Philos. in usum sch., n. 430-432 ; De Pascal, loc. cit. ; Cepeda, loc. cit.

Voir encore dans les mêmes auteurs ce qui concerne les diverses *espèces de société* : naturelle et libre, simple et composée, complète et incomplète, parfaite et imparfaite.

II

Notion du droit.

I. Jus : diverses acceptions de ce terme.

1º **Droit objectif** : *justum ;* ce qui de soi est équitable, objet de la justice — ce qui naturellement, antérieurement à toute considération subjective, appartient à quelqu'un *tanquam suum* (dans ce sens précisément, la justice est définie par son objet, par son acte : *reddere cuique suum*).

Tel est le sens que donne S. Thomas, 2-2, q. 57, a. 1 ; et ad 1ᵘᵐ, alléguant Aristote, Ethic., V, 1, et S. Isidore, Etymologies, V, 3. S. Thomas considère ce sens comme primitif, principal, origine des autres acceptions qui constituent seulement des sens dérivés. Schiffini, Disp. phil. mor., I, n. 174, attire l'attention sur un important passage de Lugo, passage qu'il faut rapprocher de la question 57. — Cf. dans le même sens Cathrein, Phil. in usum schol., n. 230, 1ʳᵉ objection.

Dans un sens contraire : Vermeersch, op. cit., n. 11 ; Tan-querey, op. cit., t. 3, n. 16-17 ; Noldin, n. 240, tiennent pour primitif et fondamental le sens subjectif.

Contre l'injuste grief de Stahl, Geschichte der Rechtsphilo-sophie, p. 59-61, Heidelberg, 1855, qui reproche à S. Thomas d'avoir confondu l'ordre juridique et l'ordre moral, — voir Meyer, op. cit., n.433, note 2 ; et du même auteur Die Grund-sätze der Sittlichkeit und des Rechts, p. 19.

2° **Le droit**, c'est-à-dire **la loi**. En ce sens on dit droit naturel, droit canonique, droit civil.

3° **Pouvoir moral** de faire ou d'exiger quelque chose.

DÉVELOPPEMENTS

Insistons sur le premier sens pour en montrer les sub-divisions.

Quand il s'agit de droit objectif (*jus, justum*) — ou encore quand il s'agit de la vertu de justice, il faut distinguer un sens très général, et trois sens spéciaux.

Sens général : **Rectitude morale universelle**, — s'étend à toutes les catégories de vertus et de devoirs, — acception très fréquente dans l'Ecriture-Sainte, et chez S. Augustin. Chez celui-ci, elle est corrélative de l'idée d'ordre uni-versel, établi par la Providence.

Sens spéciaux : cuique suum, c'est-à-dire ce qui est **dû à chacun** en vertu des **rapports** soit **d'individu à individu** (justice commutative), soit **d'individu à société** (justice légale) — soit **de société à individu** (justice distributive).

La rectitude morale peut être restreinte à la vertu car-dinale de justice, ayant pour objet l'ordre des rapports naturels, où se trouvent les individus, soit entre eux, soit respectivement à la société. Cette rectitude et cet ordre comportent une égalité ou proportion : non pas une égalité arithmétique, mais proportion d'interdépendance et de solidarité : Dicuntur vulgariter ea quæ adæquantur *justari* ; æqualitas autem ad alterum est, 2-2, q. 57 ; cf. q. 58, a. 2 ; et q. 80. L'observation de cette proportion, le respect de ces rapports (de position dans l'ordre) sont précisément chose due : cuique suum. Seulement ces rapports d'appartenance et de dépendance ordonnée (cuique suum) présentant un aspect différent, suivant qu'on les considère : entre individus (auquel cas *l'altérité* est parfaite — tels sont les rapports de justice commutative), ou bien entre la société et les individus (auquel cas *l'altérité* est imparfaite — tels sont les rapports de justice légale et de justice distributive).

BIBLIOGRAPHIE

La vertu de justice; et son objet le Droit.

S. Thomas 2-2, q. 57 et 58 ; J. de Lugo, de justitia et jure, d. 1, s. 1, de jure ; ibid., s. 3 et 4, de partibus justitiæ ; Molina, de just. et jure, Tr. 1, s. 2, de jure ; ibid., d. 1 et 12, de part. just. ; Lessius, de just. et jure, c. 2 ; et c. 1, d. 3, et 4 ; Billuart, de just. et jure, diss. 5, a. 2 ; Pottier, de just. et jure, diss. 1, n. 1-5 ; et diss, 2 ; Van Gestel, de just. et lege civili, c. 1, §. 1 et 2 ; Antoine, Cours, 4ᵉ édition, ch. 5, justice et charité, p. 120-144,

Meyer, Instit. jur. nat., p. 432-435, très net et très complet. Cathrein, Philos. in usum scholarum, n. 226 sqq., surtout n. 230, obj. 1ᵃ, donne les points les plus essentiels, en une rédaction très concise et très pénétrante. Comp. du même auteur : Moralphilosophie, t. I, p. 415, sq. ; et Die Cardinaltugend der Gerechtigkeit, dans Zeitschrift fur Kath. Theologie, 1901, p. 635, sq. — Voir aussi Barré, de Virtutibus, t. I, n. 163-165 ; Schiffini, Disp. phil. moral., t. I, n. 174, ss.

Bonne vulgarisation dans : De Cepeda, Eléments de droit naturel, 11ᵉ leçon, p. 81-90 ; de Pascal, Philos. mor., t. I, n. 261, sq.

II. Le droit expliqué par sa raison d'être.

La raison d'être du droit peut se formuler ainsi : servir de fondement à l'ordre social objectif et le sauvegarder au sein des concurrences et des conflits, où s'exercent les libertés humaines.

Cf. Meyer, Thèse 42, p. 558.

En effet : dans le plan providentiel, tout l'ordre de justice objective conspire à la constitution et à la conservation de l'ordre social, ordre qui consiste : dans la *coordination* normale des personnes entre elles (interdépendance des individus et des personnes morales — dans la *subordination* des membres au corps tout entier (dépendance légale) — dans la *distribution* de biens, qui va du tout aux parties (dépendance distributive).

Confirmation. — L'expérience universelle nous apprend que la norme, le critérium d'un bon ordre social a toujours été sa conformité avec les règles de la justice objective.

Remarque. — Ainsi entendu, le droit apparaît comme un *lien moral*, maintenant dans leurs rapports de position et de solidarité les divers membres de l'organisme social.

III. Les éléments constitutifs du droit.

Voyez Cathrein, Philos. in usum schol., n. 229, 230 ; Schiffini, Ethica, t. I, n. 183 ; Cepeda, Droit nat., p. 151, 19ᵉ leçon, 4°.

1° *Droit objectif.* Aux notions premières qui ont été données dès le début, il convient d'ajouter les considérations suivantes : A toute personne investie d'une fonction de droit naturel v. g. fonction éducatrice, — obligée donc à certains devoirs, — appartiennent objectivement — ex natura rei — certaines possessions matérielles et morales (possession de biens extérieurs — préséance, supériorité, honneur — usage indépendant de ces moyens).

Une telle appartenance, de fait, les constitue « siens » ; elle en fait comme un réel prolongement de sa personnalité. —Voyez

Lugo, de Just. et J., D. 1, n. 5; Schiffini, Ethica, t. I, n. 176;
— Cathrein, Phil. in usum schol., n. 231.

2° *Droit subjectif.* Une telle personne est donc investie
du *pouvoir moral* d'accomplir cette fonction, de s'acquitter
de ces devoirs, d'exiger ces moyens et leur usage indépendant. Ce pouvoir moral de faire et d'exiger est inhérent au sujet; il est une force à sa disposition : on l'appelle
droit subjectif.

N.-B. — On peut, dans le cas présent, contester l'à-propos
des termes objectif et subjectif. — Voyez Meyer, Jus. nat.,
t. I, n. 438; et Schiffini, Ethica, t. I, n. 184, I°.

3° **Titre ou raison d'être.** La raison d'être du droit,
objectif ou subjectif, étant la fonction naturelle de la personne, son but moral, ce titre peut être envisagé : soit
idéalement, abstraction faite des conditions historiques,
variables et contingentes, de temps, de lieu, d'activité
transitoire — soit historiquement, en fonction de ces conditions, ou déterminations matérielles.

Le titre idéal (appelé aussi philosophique) constitue un
droit abstrait, indéterminé, hypothétique, conditionné.
Par l'adjonction du titre historique, ce droit devient concret, déterminé, absolu, historique.

4° **Notion de l'obligation juridique.** Quand le droit
est historique, concret, in actu secundo, il s'accompagne
d'une double obligation dérivant simultanément du titre
complet : d'une part, le *sujet de la fonction* (par suite *sujet
du droit*) est obligé à *l'accomplissement* de son devoir,
par suite à l'emploi des moyens ; d'autre part, tout autre
homme, individu ou personne morale, peut être obligé à
respecter la fonction, à ne pas attenter à son libre exercice, par l'emploi des moyens naturels. Il devient **terme
du droit.**

5° *Activité du droit pouvoir moral.* Pour que le sujet

oblige ainsi le terme, il faut et il suffit qu'il lui fasse connaître un double titre : *titre idéal*, raison philosophique, connexion de la fonction et de son acte avec les fins fondamentales (connexion immédiate avec les fins de l'ordre — connexion immédiate avec la fin dernière), et aussi *titre historique* par où le droit devient concret, efficace, agissant, par où donc le droit passe « ex actu primo seu remoto, ad actum secundum seu proximum ».

6° *Relation juridique.* C'est la relation qui s'établit de la sorte entre le sujet et le terme du droit.

III

Loi naturelle et loi juridique.

Théorie adverse : la théorie kantienne séparatiste.
Kant a violemment séparé et opposé : d'une part, le domaine intérieur de la morale et de la religion (loi naturelle, religion naturelle, ordre moral, conscience) ; — d'autre part, le domaine extérieur des lois positives (religieuses et morales) et des droits (ordre juridique). Suivant lui, au domaine intérieur appartient le devoir ; au domaine extérieur le droit. Devoir et droits diffèrent donc :

Quant à leurs *sources* (législation intérieure de la raison autonome ; pouvoir législatif extérieur).

Quant à leurs *fins* (liberté extérieure ne connaissant d'autres limites que celles imposées par la coexistence des diverses libertés individuelles ; liberté intérieure, c'est-à-dire indépendance de tout motif autre que le devoir). — Par conséquent, l'ordonnance des fins constitue deux domaines séparés.

Quant à *l'objet* (actes extérieurs, domaine de la légalité pure ; actions intérieures et aussi les actions extérieures elles-mêmes, accomplies par devoir).

Enfin, quant à *l'obligation*, puisque *en soi*, la législation extérieure ne crée aucune obligation de conscience.

Théorie catholique :

1. — **De la loi naturelle dérive la loi juridique.**

La loi naturelle a pour objet l'ensemble des fins convenables à la nature humaine, et l'ensemble des devoirs correspondants.

Parmi ces fins, il en est toute une catégorie, dont l'ensemble constitue l'ordre social, partie intégrante de l'ordre moral.

Pour la notion d'ordre social naturel, et la preuve de son existence, cf. Cepeda, op. cit., 11° leçon, p. 81-82; Meyer, n. 355, 430, et t. II, n. 317. Développements intéressants, mais moins précis, dans Lucien Brun, Introduction à l'étude du droit, 10° conf., p. 263-299.

Donc l'ordre juridique naturel, — qui nous astreint à respecter les fins sociales, — est une partie de l'ordre moral naturel. La loi juridique naturelle dérive de la loi naturelle.

Voir Schiffini, n. 188-194; Meyer, n. 344, 345, et 433; Cepeda, p. 82-85; Cathrein, Philos. in usum schol., th. 41 : l'ordre juridique est une partie de l'ordre moral naturel.

2. — **Dans la loi juridique,** sont donc contenus, — intimement unis, quoique distincts, — **le droit et l'obligation.**

Voir ci-dessus : origine de l'obligation juridique; et Schiffini, op. cit., n. 185-187, — Plus élémentaire : De Pascal, op. cit., p. 286-290.

Le droit et l'ordre moral ont donc une origine commune : l'autorité divine.

Cf. Cepeda, op. cit., p. 83; Meyer, n. 497-500; th. 44 : Omne jus formaliter qua tale... e quocumque fonte immediate ma-

naverit, vel undecumque in particulari suam realem determinationem acceperit, a divina demum auctoritate descendit, ex
qua sola subsistit.

3. — Le droit est un élément constitutif de l'ordre moral objectif.

Cf. Cepeda, op. cit., p. 83; — Meyer, Jus.nat., th. 45 : De ratione juris est, ut non tantum originaria quadam et ideali con-
nexione, sed essentiali unitate jugiter sit cum moralitate con-
nexum; id est, non præter, sed intra objectivum ordinem moralem tamquam pars ejus constitutiva subsistens; — Cathrein,
n. 235, 236, th. 39, P. 4ᵃ : Norma secundum quam discernenda
est coactivitas : est bonum societatis humanæ.

Pour exposition plus élémentaire, cf. de Pascal, op. cit.,
p. 261 ss., l. 3, sect. 2 : du lien essentiel de l'organisme social,
du droit, surtout ch. 2 : le droit et le devoir) et ch. 3, le droit
et la morale.

TABLE DES MATIÈRES

TROISIÈME ÉTUDE

CHAPITRE I

CHAPITRE II

CHAPITRE III

QUATRIÈME ÉTUDE

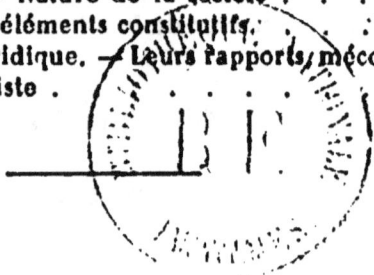

www.ingramcontent.com/pod-product-compliance
Lightning Source LLC
Chambersburg PA
CBHW072019080426
42733CB00010B/1755